二战浪漫曲 WORLD WAR II ROMANCE

二战·士兵浪漫曲

◎李乡状/编著

团结出版社

图书在版编目（CIP）数据

二战·士兵浪漫曲 / 李乡状编著. -- 北京：团结
出版社, 2014.1（2022.1重印）
ISBN 978-7-5126-2323-1

Ⅰ.①二… Ⅱ.①李… Ⅲ.①长篇历史小说—中国—
当代 Ⅳ.①I247.5

中国版本图书馆CIP数据核字(2013)第304147号

出　　版：团结出版社
　　　　　（北京市东城区东皇城根南街84号　邮编：100006）
电　　话：（010）65228880　　65244790（出版社）
　　　　　（010）65238766　　85113874　　65133603（发行部）
　　　　　（010）65133603（邮购）
网　　址：http://www.tjpress.com
E-mail：zb65244790@163.com（出版社）
　　　　　fx65133603@163.com（发行部邮购）
经　　销：全国新华书店
印　　刷：三河市燕春印务有限公司

开　　本：710毫米×1000毫米　　16开
印　　张：15
字　　数：170千字
版　　次：2014年1月　第1版
印　　次：2022年1月　第3次印刷

书　　号：978-7-5126-2323-1
定　　价：68.00元

前言
QIANYAN

　　在第二次世界大战中,世界反法西斯斗争的舞台上留下了许多可歌可泣的动人故事。从元帅到士兵,人们同仇敌忾,为着民族和人民的利益和正义的事业,不惜抛头颅、洒热血,与敌人奋战到底。他们当中有隐秘战线的无畏英雄,有在正面战场上奋勇搏杀的热血男儿,有统帅千军万马的睿智将领,也有策动局势的领袖元首。那些发生在他们身上种种带有传奇色彩的事件至今仍然广为人们所传颂,战争的铁血和历史的壮阔更是为这些曾经的故事增添了一份令人回味无穷的浪漫。

　　客观来说,"二战"的发生是人类历史上的一场浩劫,它使全世界大多数地区的国家都遭受到了战火的洗礼,令无数军民饱尝了它所带来的磨难;然而,"二战"的胜利却又无疑是人们一次无可比拟的伟大成就,是它将全世界人民团结战斗打败法西斯军国主义的胜利与和平的丰碑,永远树立在了历史的漫漫长路上,父辈的血汗与呐喊凝聚在这里,为我们这些后人留下了一处值得永远敬仰和继承的精神——在亚洲、在非洲、在欧洲,世界各国人民团结在反法西斯同盟的旗帜下展开了对德、意、日、法西斯轴心国的殊死战斗。从1933年到1945年,世界范围内的反对法西斯斗争此起彼伏。终于,正义战胜了邪恶,向往和平与正义的人们赢得了最后的胜利。

　　在二十一世纪的今天,那段历史已然离我们远去了,曾经高呼的口号被淹没在平淡的生活当中,战火的痕迹被新建起的楼房与街道所掩盖。战争的记忆从我们身边消失已久,然而,即便如此,今天的我们也仍然能够不时从书籍、报刊和人们的口耳相传中听到那些似乎已经远去的名字与词语:敦刻尔克大撤退、不列颠空战、斯大林格勒保卫战、解放波兰、攻陷柏林……这些泛着陈旧之色的字眼或许被提及的时候给人的感觉或许已经不能像几十年前那样容易引起热血的激荡和讨论的兴味。但是当我们翻开书本,重新咀嚼起它们身后的那些故事,胸中却还是无法抑制地会泛起对历史那份无尽浩荡与雄浑奥壮的回味悠长。

是否还记得,莫斯科郊外以血肉之躯抵挡坦克的最后呐喊;敦刻尔克海岸上为同袍撤离而顶着炮火与炸弹袭击的顽强阻击;在伦敦上空对敌人如黑云般压来的轰炸机群从飞机炮口中喷出的怒火;昔日北非名将隆美尔与蒙哥马利率领部队殊死作战的阿拉曼战场上,如今伴着双方遗留下来无数地雷形成的"魔鬼花园"的,只有在沙漠公路两旁绵延久远的无名战士墓……

麦克阿瑟曾经说,老兵不死,他们只会渐渐湮没(在人群中)。当战争离我们远去之后,那些与战争有关的人们和他们的事迹也被生活中更加贴近我们的种种信息所渐渐掩去。而事实上,无论辉煌抑或黑暗,这些值得了解的过往都不应该在我们的记忆中以一个毫无内容的名词的形式一直蒙尘,直到死去。从这些故事当中,我们能够学习和获得许多生活中可能永远无法接触到的智慧,以及情感。

本书通过对历史史实的详细阐述,从战争的过程当中甄选出一系列不同身份的角色。通过从不同的角度,不同的立场和不同的身份进行讲述和介绍,使一大批鲜活的人物跃然纸上,他们的事业,生活,伴侣,友人,仇敌以及经历都以一种更加贴近人性的视角被展现出来,便于读者们更好地带入到角色的感受当中去,更贴切地去解读和掌握书中所介绍的这些活跃于那个特殊年代的人们。

　　本套丛书当中不仅介绍了我们时常听闻的那些在第二次世界大战中声名在外的著名将领和领导人的事迹和经历，也包含了对那些工作在隐秘战线，工作在敌人心藏中的无名英雄的描写，让我们能够从更全面的角度来对二战时代的局势与当时不同阵营和国家人们的世界观进行了解，相辅相成地为每一位相关的人物在印象中描绘出一个更加贴近现实的生活与境遇背景，还原出一个个与历史百科介绍中那些冰冷文字构筑下不一样的人物形象。

　　本书力求以历史原貌真实再现历史史实，呈现在读者面前。如果存在某些描写过甚或与真实历史出入之处，敬请各位读者朋友批评指正。

2013.12.26

目录
MULU

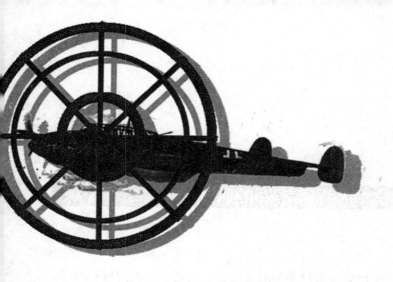

莫斯科郊外的晚上

二战浪漫曲

莫斯科郊外的小镇里住着位美丽的女孩，她的名字叫莉迪娅·布卢斯卡娅。莉迪娅是个孤儿，她从小就跟着单身一人的叔叔生活，叔叔也是她唯一的亲人，两个人相依为命。当第二次世界大战蔓延到苏联国土上的时候，莉迪娅才19岁。

莉迪娅居住的小镇不大，但是宁静漂亮。她和叔叔居住的那幢房子旁边有一大片白桦林。风起的时候，白桦林沙沙作响。林间开满野花，幽香扑鼻。莉迪娅非常喜欢这片白桦林，她每天都去那里看那些高大美丽的白桦树，看五彩缤纷的野花，听清脆悦耳的鸟鸣，感受那里的宁静和清爽。

小镇的附近有一所航空学校，莉迪娅的叔叔就是这所学校里的一名航空技师。他是一名战斗英雄，曾经在战争中左腿受重伤导致行动不便。他在航空学校很受欢迎，很多年轻的教员都喜欢和他聊天。每个周末，学校中的年轻教员们都会来到他们家做客。叔叔也很喜欢这些年轻人，因为他能从他们的身上找到自己年轻时的影子。很多时候，屋子里的谈笑声溢出窗外，伴随着屋前那条小河的流水声叮咚作响。

在莉迪娅18岁的这年8月，苏联和德国签订了"互不侵犯条约"。希特勒的外交是为他的战略目的服务的，在对苏联进行和解和与之进行外交周旋的同时，希特勒草拟了入侵苏联的计划，这个计划就是如希特勒自己所说的"令全世界大惊失色，难置一言"的"巴巴罗萨"计划。

希特勒的想法不仅仅是隐藏在心里的，当德军的闪电战取得巨大的成功,波兰、法国等国相继沦陷时,这个大独裁者竟无耻地公然说道:"苏联和我们的条约,只有在有用的时候才是条约。"希特勒在等待一个合适的"气候"。

法西斯的贪婪引发了二战,战争愈演愈烈,苏联也无法躲避这次战争。苏联已经做好了与法西斯交战的准备了,从国家元首到下层的普通百姓都关注着战争发展的情况。当时人们的话题都集中在了当前的战争形势上。而作为飞行教员,驻扎在这座小镇上的他们时时刻刻替祖国担忧,他们都想为祖国的领土完整、为世界和平抛头颅、洒热血。

在这些年轻的飞行教员中,有一个年轻俊朗的小伙子深得莉迪娅和叔叔的喜欢,他叫科佳金。25 岁的科佳金高高的个子,大眼睛炯炯有神,他性格勇敢坚毅,飞行技术十分高超。莉迪娅的叔叔非常喜欢和他聊天,他们会从早上一直聊到太阳落山。他们聊天的时候,莉迪娅就坐在他们的旁边静静地听他们谈话。偶尔,她也会去白桦林里采来几朵漂亮的野花养在透明的玻璃瓶中。傍晚的时候,她会在夕阳的柔光中为叔叔和这些年轻的飞行员准备晚餐。她觉得,这是一个礼拜中最快乐的一天。

莉迪娅个子不高,常穿一身格子长裙,她性格温和,总是面带笑容,来小屋里做客的教员们都很喜欢这位年轻漂亮的姑娘。大家更喜欢听她的歌声,每当客人在屋子里聊天的时候,都会听见白桦林里飘出的阵阵歌声。那歌声温婉动听,连林中的鸟儿也沉醉其中。因此,大家给莉迪娅起了一个亲切的名字"莉莉娅",在俄文中那是百合花的意思。

科佳金很喜欢和莉迪娅聊天,每个周末他都会早些到那里,为的就是多和莉迪娅聊一会儿。在相处中,他慢慢发现莉迪娅是个聪明、美丽、善良的女孩。莉迪娅虽然外表柔弱,但是内心很强大,她关心、体贴着身边的每一个人。

随着谈话次数的增加,科佳金和莉迪娅成了无话不谈的朋友。他们在一起的时候,很喜欢去那片美丽的白桦林。在小河边,林阴下,也都留下过他们的足迹。时光飞逝,日子一天天的过去了,他们的关系变得越来越亲密。他们的每一次交谈都是快乐的,仿佛有说不完的话,而他们对彼此的依赖也越加浓厚。因此,每个周末都成了他们翘首企盼的日子,因为他们急切地想看见对方。

爱情就在这样美丽的季节里悄悄地生根发芽。

此时的科佳金和莉迪娅却不知道这就是爱情。聊天的时候,科佳金喜欢凝望莉迪娅如烟的明眸,只要看她的眼睛就知道她想要说什么。莉迪娅的笑脸时不时掠过他的脑海,他已经无法控制自己不去想她了。开始的时候,科佳金还不清楚为什么会这样,直到后来,他发现自己已经深深地喜欢上了莉迪娅。喜欢和爱之间,原来本身就没有界限可言。

这个迟来的答案使科佳金欣喜不已,可是,还有另外一些问题萦绕在他的脑海:莉莉娅是怎么想的?莉莉娅喜欢他吗?如果自己向她表白,她能否接受呢?

科佳金掩藏了自己焦虑的心情,只希望莉迪娅能快点发现他对她的感情。他曾经多次对莉迪娅暗示过自己的感情,可是莉迪娅总是不能明白。因为年轻,科佳金没有勇气直接向莉迪娅表白;因为年轻,他怕自己的鲁莽语言吓到清澈如水的莉迪娅;因为年轻,科佳金莫名的恐慌,却又不能说什么。这个英俊的大男孩就这样守护着内心的情感,却又找不到合适的时机来吐露。

可是喜欢一个人,却又没有办法说出来让她明白,这是一件很痛苦的事情。心事重重的科佳金渐渐地沉默了,他再也无心加入到其他教员谈论的话题当中去。他只躲在角落里闷闷地抽烟,眼睛从未离开过莉迪娅,可是,这位美丽的女孩却不知道他的情意。科佳金不再和她单独聊天,有的时候,他不敢面对她清澈的眼睛,让他总是有种想逃离的感觉。

两个年轻人,一个想表达感情,一个却不了解。

感情一旦出现,就会快速的蔓延,这种情感纠结在科佳金的心中、眼中,可是莉迪娅却不知道。科佳金总是这样安慰着自己,总有一天,莉迪娅会发现他的情愫的。

可就在这个时候,二战的战火不可遏制的蔓延到了苏联,法西斯叫嚣着要侵占整个苏联领土。科佳金知道自己所担负的重任——奔赴战场。他现在唯一的愿望就是向莉迪娅吐露自己的心声。

莫斯科的夏夜很清爽,草虫的叫声在这个宁静的夜晚变得很悦耳。科佳金来到莉迪娅的门前,他犹豫着是不是要敲门,这时门却开了,是莉迪娅。她看见科佳金站在门外便说:"你能陪我在花园里散散步吗?我想和你说说话。"科佳金点点头,或许这是个和她表白的好机会,他想和她说清楚自己的情感,如果不说就不知道要等到什么时候才能说了。

几年前,莉迪娅在白桦林附近用白色的栅栏围起了一个花园,花园不大,但是很整洁、很漂亮,沿着花园里弯曲的小路就能走近后面的白桦林。科佳金和莉迪娅在树林旁边的石凳上坐下来,但是科佳金没有开口说话,只是默默地看着莉迪娅。莉迪娅忍不住问他:"科佳金,你最近怎么了?好像有心事。有什么事说出来给我听听吧!作为你的朋友,我想替你分担一些。"

此时的科佳金望着莉迪娅那双美丽的眼睛却一句话也说不出来了,他担心他说出来会被莉迪娅拒绝。莉迪娅突然这样问他使他局促不安,不知不觉,手心里浸出汗来。莉迪娅看着科佳金手足无措的样子,很是纳闷,她突然明白了!

爱情在这个静悄悄的夜里迸发,它的第一捧火花是沉默的,却灼红了两个人的面孔。

当莉迪娅知道自己对科佳金的感情已经超出了朋友的范围时，她不好意思地低下了头，不知道该说些什么，双手不停地摆弄着裙角。此时，她的心里更多的是一种莫名的喜悦。望着莉迪娅满脸通红的样子，科佳金终于开口，他说："莉迪娅，我就要跟着部队去前线了，为了和平，为了我们的祖国，我要把侵略者赶出去。请你相信我对你的感情，等我回来好吗？"

望着科佳金真诚的脸，莉迪娅没有不点头的理由，她轻轻地点了点头。她是喜欢科佳金的，她会等他回来，带着胜利的消息凯旋归来。

当战争愈演愈烈的时候，苏联空军在属于自己的上空上英勇作战。德国法西斯的攻势咄咄逼人，地面上的苏联军队渐渐的失去了空中部队的掩护，很多军群被迅速的分割、歼灭，大批部队失去联系，陷入了德军的重重包围。

仅仅一个月的时间，苏联就失去了很多领土，纳粹还烧毁了许多房屋，大批苏联人民失去家园的同时也失去了亲人，他们不得不离开，开始逃亡。除此之外，在战场上，成千上万的士兵牺牲、受伤、失踪或者被俘。整个苏联的人民面临着空前的大灾难，而领导人唯一能做的就是命令空军迅速抽调一切后备力量，增援前线，以挽救前方战事吃紧情况。

苏联实施了全国动员，科佳金作为一名飞行教员很快就接到了上级的指令，上级要求他和所有的航校教官们，迅速回到原部队报到，即刻动身，不得违误。

柯佳金虽然得知了德国军队入侵的消息，然而对于前线的情况却一无所知。从这次行动的紧急程度来看，情况应十分的危急，科佳金他们甚至来不及收拾行李，就奔赴了浓烟凛冽的战场，连和心爱的莉迪娅告别的时间都没有。

一路上望着车窗外飞快掠过的白桦树,他想起了和莉迪娅在一起的时光,现在就要奔赴战场了,心里有太多的话却不能面对面的倾诉。科佳金只能在心底对莉迪娅默默地说:"莉莉娅,等着我,我爱你。"一遍又一遍……

当莉迪娅听叔叔说科佳金已经奔赴战场的时候,她跌跌撞撞地跑出小屋,骑上自行车向航空学校飞奔过去。可是,已经晚了,科佳金离开了。莉迪娅伤心地哭了,为什么,连告别都没有?她多么想告诉科佳金她有多喜欢他,但终究是没有机会说出口。现在莉迪娅唯一能做的就是为科佳金祈祷,希望他能平安地回来,回来听她述说心声。

一天过去了,一个星期过去了,一个月过去了……莉迪娅焦急地等待着,此时此刻的她恨不得变成白桦林中的鸟儿,飞到科佳金所在的前线去看一看他,告诉他,自己是多么的思念他。可是,她不是鸟,没有可以飞翔的翅膀。

科佳金离开的每一个周末,莉迪娅都会来到白桦林里,在那里,仿佛能听见科佳金的声音。微风吹拂落叶的时候,她隐约听见科佳金对她说:"等着我,莉莉娅……"可是,莉迪娅却等不下去了,她想和科佳金在一起,时时刻刻在一起。

而恰巧在这个时候,女飞行员玛丽娜·拉斯科娃向斯大林提议,让妇女也参与战斗。特别是一些军种,比如飞行员。于是前苏联组建了3支女子飞行队。前苏联的女人们看到战火在家园肆虐,亲人相继离开,他们怀着对德国法西斯的恨和对家园的爱加入到后勤、医疗、通信等队伍中。虽然身为女子,但是,她们拥有惊人的胆魄和气概。她们毅然的拿起了武器,投入到前线的战火中去,做出了很多连男子也敬服的成绩。比如莉迪娅。

此时的莉迪娅也想参军入伍,参加女子飞行队,这不仅能实现自己的梦想,还能为祖国效力。于是,她丝毫没有犹豫,马上报名参加了前苏联空军的速成培训班。

莉迪娅不仅是飞行队里最年轻的女孩,还是个子最小的女孩。但是,她却有着坚毅的性格和超群的魄力。训练基地设在斯大林格勒的西北部。大约有 240 公里的路程。她和一些女孩子坐着军用卡车满怀憧憬地走进基地,却不想原定两年的训练计划因前线战事大大缩短到了 6 个月……6 个月的训练很快就结束了。考核时,莉迪娅发挥正常,顺利地毕业了,而后被分配到第 586 女子歼击机团。

明天就要奔赴前线了,当天晚上,莉迪娅依依不舍地向相依为命的叔叔告别。其实叔叔明白她的心思,他永远支持莉迪娅参军的决定,只要莉迪娅快乐,他就会很快乐。他甚至放弃了向后方安全的转移的机会。他安排好了一切。他变卖了所有的家产,还为国家捐赠了一架飞机。无国就无家,这位舍弃小家的老人贡献的不仅仅是飞机,还有自己。明天,他将去前线挖战壕。此时,一股壮志和离别的伤痛纠缠在老人的脸上和心里。莉迪娅知道,叔叔希望她能成为一朵"空中之花",带着叔叔的愿望在蓝天上作战,赶走侵略者。

莉迪娅被叔叔所做的一切感动了,叔叔腿部有旧伤还坚持到前线去挖掘战壕,这是最伟大的奉献!她把头埋在叔叔的怀里,一遍又一遍的说,叔叔,我会为我们的国家奉献我的一切,包括鲜血和生命。

是夜,莫斯科的夜晚,莫斯科冬天的夜晚,窗外飘起鹅毛大雪。叔叔已经睡下了,莉迪娅独自一人坐在火炉旁边,回想着曾经的过往。

此时的科佳金在做什么?是不是也和她一样在思念着对方?

莉迪娅没有把参军的消息告诉他,她想给他一个惊喜。当科佳金在蓝天上执行任务的时候,他是否会想到自己的心上人也在蓝天上执行飞行任务?

远处炮声隆隆,纳粹们在莫斯科这块宁静的土地上烧杀抢掠,人们为了躲避灾难不得不离开他们的家园。为了同胞的生命、为了国家的领土完整,莉迪娅满腔热血,就像叔叔说的那样,她要赶走侵略者,这一信念坚定不移。

　　一夜未眠,初冬的太阳露出笑脸,阳光洒在白雪皑皑的大地上,折射出绚丽的光芒。莉迪娅在临走之前又来到了她和科佳金常去的白桦林,白桦林的落叶被白雪覆盖,光秃的枝干也挂上了银亮亮的"雪条"。如果没有战争,此时,科佳金会陪在她的身边一起来赏雪吧!可是,现在就连自己也要离开了。

　　安静的冬季,安静的白桦林,不安静的莫斯科。

　　莫斯科的冬季十分寒冷,莉迪娅心中火热。虽然离开小屋,离开叔叔,离开心爱的白桦林,但是,她带着叔叔的希望和自己的热情奔赴边疆,没有什么事情会比这件事情更有意义了。想到这里,她信心十足的离开了白桦林。她在心里默默地说,我会回来的,战争胜利了,我还会和科佳金在这里聊天。

　　短暂的告别之后,莉迪娅回到队伍中去,三个月过去了,迪莉娅的各项成绩都非常突出,她是第一个被允许单独飞行的飞行员。时间飞转,毕业的时刻即将到来,这也意味着分别时刻的到来,她们毕竟都肩负着不同的任务,也将被分配到不同的战场上去。不知不觉一年已经过去了,冬季已经走远,到了春暖花开的时节。9月份,美丽的莉迪娅与男飞行员一起被调往前线,加入了位于那里的第73歼击航空兵团。那个时候,她还不知道,73歼击航空兵团正是科佳金所在的兵团。

　　这个时候的斯大林格勒正成为世所瞩目的战场,战斗的激烈与残酷超出了人们的想像。1941年,数百万的纳粹德军,向前苏联发起了猛烈的进攻,战场遍及北,中,南三个方向。德军的空军部队掩护地面部队进行闪击战,这就加强了德军的杀伤力。成千上百架的纳粹德军的飞机在前苏联西部的天空中呼啸着。这些飞机都由经验丰富的飞行员驾驶,他们对苏联的机场、阵地、道路和桥梁,进行了毁灭性的狂轰滥炸。

仅仅几天的时间,这片土地就已伤痕累累。德国的"斯图卡"俯冲轰炸机在天空上呼啸着飞来飞去,投下数不清的炸弹,地面上的房屋无一幸免。炸弹爆炸声中,地面上火光冲天,纳粹惨绝人寰的行为令人发指。

面对德国空军部队的猖狂,苏联出动一线空军。无论是装备型号还是数量,苏联空军都处于劣势,它们飞上蓝天没有多久就损失殆尽了。有的飞机甚至还没有来得及展翅翱翔,就被炸毁在跑道上。也有很多苏联飞行员同德国飞行员在蓝天血拼,但是,数量相差悬殊,往往一上天就遭到了围攻。结局就是苏联飞机被炸毁或者是飞行员弃机跳伞,苏军损失很大。

科佳金来到前线不久,就参加了几次空战,还取得很好的成绩。随后,他所在的73歼击航空兵团被派往列宁格勒前线作战。

苏德空战从一开始就进入了白热化。在那段日子里,科佳金的脑海里充斥着血腥的空中搏杀。战争是残酷的,科佳金失去了许多战友,甚至在空战中,他的战友就在他眼前牺牲,这对于他来说是沉痛的打击。可是,他还有一个坚定的信念:毫不畏惧、永不退缩,和德军决一死战。在他们整个航空兵团的顽强抵抗下,德国空军的势头渐渐被阻挡下来。

在空战中,科佳金的英勇表现得到上级领导的认可。他凭着高超的驾驶技术,惊人的胆量,在短暂的时间里,就把自己磨练成了一个优秀的王牌飞行员。大强度的飞行作战,没有给科佳金留下更多的休息时间。一次次地飞行任务使这个英俊的小伙子眼中布满了血丝,显得异常憔悴。尽管很疲惫,但是他还是坚持作战,为了早日取得胜利,他坚持参加每次飞行任务。

有的时候，科佳金也会想起莉迪娅，如百合花般散发芬芳的美丽女孩，她现在过得怎么样，好不好。科佳金想不到此时的莉迪娅已经加入了他所在的航空队伍。

73 歼击航空兵团新来了一个娇小的、漂亮的女飞行员，很多男飞行员都来看看这位传说中的既优秀又漂亮的女孩。大家都对这个漂亮姑娘产生了好感，希望能和她在一个编队作战。其中还包括科佳金的战友。有一次，那位战友兴奋地跟他说："喂！听我说，科佳金，你知道吗？咱们的航空队来了一个漂亮能干的小姑娘，她的飞行技术是一流的！"科佳金没有理会战友所说的，继而又专心地检查飞机。他心里想，有谁会比莉莉娅好呢！再美丽的女孩在莉莉娅面前也会变得资质平庸。

每一批新调遣来的飞行员都要接受航空队的飞行考试，而科佳金正是负责这次考试的主考官。科佳金的飞机飞在新成员的后面，一次次跃升、快速俯冲、急速下降等等，他发现有一架飞机的战术动作做的非常好，似乎是一个经验丰富的飞行员在操控，他不知道，那是莉迪娅在驾驶飞机。

当考试结束之后，科佳金的飞机和其他人的飞机都降落到地面，还没有从飞机上下来的科佳金看见远处的飞机上跳下来一个酷似莉迪娅的姑娘。随后，他告诉自己这可能是因为太思念莉迪娅了，才会把别的姑娘看作是她。可是，当他走近的时候，却发现站在他面前的就是朝思暮想的姑娘莉迪娅！科佳金简直不敢相信自己的眼睛，他怕自己是在做梦，一个美丽的梦，但是眼前的的确是莉迪娅。他艰涩的开口叫她："莉莉娅……是你吗？"

莉迪娅正背对着科佳金和其他飞行员说话，听到熟悉的声音愣了一下，是科佳金吗？她慢慢的转过身来，真的是科佳金，真的是他！莉迪娅热泪盈眶，她对科佳金的思念瞬间决堤，晶莹的泪水划过脸颊，她激动地说："我不是在做梦吧！科佳金,真的是你,我终于见到你了！"

科佳金上前来紧紧地握住莉迪娅的双手,两个相爱的人终于见面了,周围的战友和领导们也为他们感到高兴。一时间年轻战友们的哄笑和打趣,让战火中萧条的停机场有了些生气。在他们艳羡的目光里,两个年轻人幸福的拥抱在了一起。

这一天对于科佳金和莉迪娅来说是难忘的一天。从这一天开始,之后的每一天,科佳金都可以和莉迪娅在一起了,他们被分到同一个编队里,他们成了战友,特殊的战友。每次执行任务时,科佳金都要鼓励莉迪娅,为她祝福。

爱情之花怒放着,莉迪娅觉得没有什么时候会比现在幸福了。他们虽然不能像往日里那样肩并肩手挽手的在街头漫步,但是,他们能够一起在蓝天上飞翔,一起出发执行任务。这不仅锻炼了相互配合的熟练度,还增添了他们为祖国的自由和和平而努力的信念,一起飞翔是属于他们的特殊的浪漫。

一天,莉迪娅接到命令在作战责任区执行巡逻。科佳金已接到了这次巡逻任务。他们的飞机很快起飞,莉迪娅驾驶飞机紧跟在科佳金的飞机后面,在作战责任区巡逻了大约 10 分钟。突然,科佳金的飞机急速下降,

接下来是一个比较有代表意义的跃升,莉迪娅到目前为止还很没有把握,但也只能握紧驾驶杆,高度紧张地跟在他的后面。

开始的时候,莉迪娅以为科佳金是在考验她的战术动作,于是就紧跟着他飞行。直到返回基地,莉迪娅才从科佳金口中知道他们遇到了德国人。不仅遇到了,科佳金和另一个战友还配合打下一架战斗机。虽然在莉迪娅的心中留下了小小的遗憾,因为她连敌人的影子也没看到,但战友们对其飞行技术的交口称赞和科佳金温暖的目光又让她对自己充满了自信。

通过这次巡逻任务，马拉诺夫中校终于同意莉迪娅留在飞行团参加战斗。莉迪娅喜悦的心情无法形容。她终于证明了自己的价值，成为了真正的战斗机飞行员，她的理想实现了，她的叔叔也会为此欣慰了。

此刻她多么想把这一消息当面告诉叔叔，她甚至能想像到叔叔那高兴的表情。

莉迪娅在执行任务的同时也积累了很多经验，一次和科佳金共同作战时，在科佳金的掩护下，她第一次击落了敌人的飞机。

那是他和柯佳金在天空中执行航线警戒任务，距离他们下方 2000 米的地方有德军的一只小型编队，它们均为海因克尔飞机，一共 3 架。他们立刻对敌人进行全面地打击。猛烈的攻击打乱了德军轰炸机编队。两分钟不到的交火时间里，经验丰富的科佳金凭着出色的技术首先击落一架敌机。莉迪娅也不甘示弱，对另一架敌机进行了猛烈攻击，但没有命中。随后，在高度大约 900 米外的天空中，他们又发现了一架返航的敌机。

这是一次击落敌机的好机会，科佳金立即抢入战位，掩护莉迪娅进行攻击。此时莉迪娅已经到了敌机的尾部，德国飞行员才反应过来，他慌忙中马上俯冲，但莉迪娅已经瞄准开火了。德机的尾翼被撕开了口，机身留下一排弹孔。莉迪娅乘胜追击，科佳金紧跟配合，对敌机进行控制，敌机边打边降，直到离地四五百米，眼看着敌机被打得千疮百孔，带着滚滚的浓烟坠落，科佳金和莉迪娅才仰头离去。这次作战，科佳金和莉迪娅配合得天衣无缝，返航之后得到航空团领导的夸奖，战友们也十分佩服他们二人。

在这之后的半年中，莉迪娅继续和科佳金共同作战，一共击落敌机 11 架。莉迪娅的战果是有 6 架飞机被击落。根据国际惯例，击落敌机超过 5 架，就能得到"王牌"这个称谓。莉迪娅不仅成为了王牌飞行员，还是世界上第一名女"王牌"飞行员。

然而这个时候的形势却很不乐观。德军的战线已经逼近了莫斯科。整个莫斯科都被纳粹的阴影笼罩着。为了避免战火的侵扰,莫斯科城内大批的工厂和学校被迫向远东方向迁移。而苏联部队在莫斯科的郊区挖掘战壕,时时刻刻都在准备着,面对德国的紧逼,他们从容应对。无论怎样,他们都不会向法西斯投降。

苏联的空军部队在这个时刻显得极为重要,每个航空兵团都在积极的准备着,包括科佳金和莉迪娅所在的航空兵团。科佳金和莉迪娅一起出行的次数渐渐地变少了,因为他们都有不同的任务要执行。他们只有在任务结束之后才能见面,他们喜欢在停机坪上聊天,讨论战术。可是在相隔一段时间之后,莉迪娅却一直也没有等到科佳金,她忍不住前去询问最后一次与科佳金一同执行任务的战友们,这才知道,科佳金已经在战斗中牺牲了。当时他所驾驶的飞机油料已经不足,为了去确保飞机安全,必须快速返航。于是,科佳金调头返航,但是却在返航的途中,遭遇了纳粹的头号空军精英——赫尔曼上校。赫尔曼驾驶一架尾翼上涂着黑桃的 M—109 式战斗机,埋伏在半路的云层中。当科佳金的飞机刚到这片云层附近,M—109 战斗机钻出云层,直奔返航的机群,接连发动了攻击。当时的科佳金和另外一名飞行员并没有料到会有敌机埋伏在云层里,没有躲开赫尔曼的炮火,壮烈牺牲。

当时被偷袭的空军机群并不知道那架敌机的飞行员,后来才知道是这个德国的空中煞星。他有丰富的作战经验,高超的飞行技术,生来性格狡诈、狡猾。曾被纳粹吹嘘为永不坠落的“空中战神”。赫尔曼性格孤傲,向来是独来独往,无论是在东线战场还是西线的战场都留下了他所向披靡的身影。被他击落的飞机数不胜数,因此也很少有人能成为他的对手。

作为优秀驾驶员,科佳金的牺牲对于 73 航空兵团来说是很大的损失,对于莉迪娅来说更是致命的打击,这个打击使她一蹶不振。

当莉迪娅听到科佳金牺牲的消息时,整个人都呆住了。渐渐的,耳边什么声音都没有了。心里空荡荡的,精神恍惚,整个人被抽空了一样,她来不及哭泣就昏倒在停机坪上。

噩耗来得太突然了,莉迪娅没有办法接受这个残酷的事实。昨天,就在昨天,他们还手牵手在草地上漫步,谈论着愉快的话题。而今天,科佳金就永远的消失在她的生活中了。悲伤袭上心头,莉迪娅陷入无边的孤独之中。科佳金,科佳金,科佳金……她一遍一遍的呼唤着科佳金的名字,可是,没有回应,撕心裂肺的疼,泪水在莉迪娅的脸庞上蜿蜒流下。

此时,战火已经烧到了莫斯科,当时的局势非常紧张。贪婪的纳粹机群会在每天晚上空袭莫斯科。德军的狂轰滥炸使莫斯科千疮百孔。远远望去,燃烧弹的火光和探照灯的光柱,照亮了夜空,而高射炮的轰鸣声和炸弹的爆炸声,响彻云霄。就在这个危机的时刻,莉迪娅在一次空战中受了重伤。因为带着科佳金阵亡的痛苦,精神状态不好的莉迪娅因为身心双重受伤而昏迷了很长时间。

经过几个月的休养,她渐渐地恢复过来。只是,好起来的莉迪娅不再笑容满面,也不再唱歌了。她变的异常沉默,有的时候一整天都不说一句话,现在的她仿佛变成了另外一个人。她专心于空中作战,每一次执行任务,她的气势都不复以往的轻松高昂。科佳金的死撕裂了她的心,她几乎一半的生命都已经随爱人而去了。

在莉迪娅的身上,一直珍藏着她和科佳金的合影照片,照片上甜蜜的笑容挂在两个人的脸上。每当归队的时候,她都会把这张照片拿出来仔细的看上一遍,然后安然入睡。她唯一的愿望就是能再次碰到赫尔曼,不论他有多奸诈狡猾,她也要击毁他的飞机,为科佳金报仇。

二战 士兵浪漫曲

莉迪娅所在的航空兵团也曾经组织过数次猎杀赫尔曼的行动,来为科佳金及其他牺牲的战友报仇。几次交锋,都让他逃脱了。莉迪娅带着对科佳金的无限的思念和强烈的复仇愿望,驾驶战斗机在蓝天上呼啸,在空中和敌机交战,就算再大的牺牲,她也会承受下来。

很多时候,就在人们不如意的时候还会有雪上加霜的事情发生。就在莉迪娅努力恢复调整情绪的时候,又一个噩耗传来:她相依为命的叔叔也离她而去了。叔叔在一次德国飞机的狂轰滥炸中深受重伤,之后就再也没有好起来。最疼爱她的叔叔,在去世的最后一刻还喃喃的呼唤着她的名字。

当莉迪娅听到叔叔去世的消息时,她几乎崩溃了。她生命中最重要的两个人都不在了,她对活着失去了信心和勇气。

莉迪娅的战友看见她憔悴的样子十分担心,大家都希望她能快点从痛苦中摆脱出来。一次大规模的空战使莉迪娅再次的坚强了起来,因为在这次空战中,她遭遇了赫尔曼。

莉迪娅是在返航的途中遭遇赫尔曼的,当时的莉迪娅驾驶着飞机在机群的最后面,而赫尔曼的黑桃的M—109式飞机就悄悄地跟踪在她的后面等待时机下手。但是,莉迪娅及时地发现了他。莉迪娅看得十分清楚,敌机的尾翼上画着一个醒目的黑桃A,飞机的头部,作着20多个标记,那些标记是他所击落敌机的数量。

正是赫尔曼!莉迪娅心中顿时充满了复仇的怒火。她立刻调转战斗机准备和赫尔曼决一死战。此时的赫尔曼也觉察到了对方飞机的异常举动,于是他毫不犹豫地对着莉迪娅的飞机俯冲过来。

莉迪娅灵活的躲开了赫尔曼的俯冲,一拉操纵杆向上藏入白云之中,接着一个急速反扣,调转方向垂直朝赫尔曼的飞机扑过去。她对着赫尔曼的飞机连连开炮,M—109式飞机终于冒起了浓烟。当时的赫尔曼万万没有想到,苏联的飞行员竟然这样拼命。他不敢再过多的恋战,他迅速调整好心态,收起了一向傲视一切的心理,狼狈的驾驶着飞机仓皇逃窜。而此时莉迪娅的飞机也因油料不足不得不返航。

整个空战持续了十几分钟。面对强手,莉迪娅毫无畏惧,仿佛科佳金在她身边一样从容应战,唯一的遗憾就是没有把赫尔曼的飞机击落,让他逃跑了。莉迪娅想,如果有下次,她一定不会让赫尔曼逃跑的,她要为科佳金和战友们报仇。

在经历与赫尔曼的那场空战之后,莉迪娅也渐渐恢复了信心,战场上,她变得异常勇敢,接下来的一次战斗中,她又击落了一架敌机。随后,她被任命为小队长,队里的飞行员们也喜欢叫她"莉莉娅"。想起曾经的科佳金和叔叔也这样叫她,为了纪念他们和鼓励自己,她用白色的油漆在机身上画上美丽的百合花。从那以后,每击落一架敌机,她就会在机身上添上一朵百合花。

一年过去了,转眼到了1944年,战争形势好转。在苏联军民顽强的抵抗下,德国法西斯气数已尽,等着他们的只有惨败。而浴血奋战的苏联军民,终于迎来了胜利的曙光。此时此刻的莉迪亚也已经把十朵美丽的百合花绘在了机身上,而她自己也晋升为中队长。

当莉迪娅成功击落第10架飞机的时候,苏联空军部队了又出现了一个双料王牌飞行员,莉迪娅是苏联空军部队第一个女性双料王牌飞行员。她虽然娇小,但是有勇敢的气魄和无畏的精神,加上熟练的飞行技术和丰富的作战经验,空军部队里没有一个人不佩服她。

每次战斗,莉迪娅都把生命置之度外,好像要和敌人同归于尽似的。德国空军对这个苏联女飞行员也都感到惧怕,并且尽量避免与她交战。当德国空军在空战中看见有涂着百合花的飞机时,就会毫不犹豫的调转飞机躲

二战士兵浪漫曲

开她。没有人愿意和莉迪娅交战,因为一旦交战,生还的几率几乎是零。莉迪娅这朵"空中的百合花"在空战中可谓是"所向披靡"。

虽然莉迪娅得到了"双料王牌飞行员"的称谓,但是她并没有感到骄傲和快乐。每一次飞行,她犹如一只孤雁在蓝天上飞翔,因为没有科佳金的陪伴。科佳金的牺牲连她的快乐和幸福也一并带走了。

莉迪娅习惯了回忆过去,回忆和科佳金一起的快乐时光。她时常想起莫斯科郊外的那片白桦林,想起白桦林旁边温馨的小屋与种满鲜花的花园。伴着回忆,莉迪娅渐进梦乡,醒来枕边却湿成一片。回忆是甜蜜的,但又是苦涩的,每当想起这些往事,莉迪娅都忍不住心酸落泪。没有了叔叔,没有了科佳金,她的生活一片灰暗。现在,支持她顽强活下去的理由就是击落赫尔曼的飞机,为前苏联的胜利而奋斗。

1944 年的夏天,德国法西斯不甘心接受失败的结局,企图发动一次大规模的空中反击。德军组织了上百架的飞机,在赫尔曼的带领下准备在适当的时机对苏联领空进行突然袭击。面对德国空军犹如困兽般的挣扎,73航空兵团作了临时的应战计划,同时发出了求援的信号。

德军也感觉到这可能是他们最后一次反击了,为了扭转战争的局势,他们疯狂的袭击了 73 航空兵团的基地。当时的形势非常危急,以莉迪娅为首的一些飞行员迅速出动,他们在枪林弹雨中艰难地起飞,顽强抵抗德国空军一次次的疯狂袭击。此时他们心中唯一的信念就是不能放弃,不能让法西斯得逞,为了国家和人民,他们要坚持到援军的到来。

此时的天空中,数百架飞机发出尖叫声,呼啸而过。轰鸣声、炮声、飞机的爆炸声充斥着这场激烈的空战。当援军赶到的时候,莉迪娅驾驶的飞机已多处中弹,她驾驶着飞机在空中艰难的飞行着,撞伤的头部不断渗出鲜血来。但是莉迪娅丝毫没有在意这点伤痛,她不顾一切地再次上升到空中。

当空中指挥官对她下达了"必须返航"的命令时,她才心有不甘的掉转了机头,准备返航。

可是就在这个时候,一架熟悉的敌机闯入眼帘,那架德机的尾翼上,涂着一个醒目的黑桃 A。是赫尔曼!莉迪娅心中一颤,刹那间,仇恨涌上心头,复仇的怒火炽烈无比。莉迪娅激动起来,手心微微出汗。她不顾命令,一推操纵杆,升到高空中,随后立即又俯冲下来。对着赫尔曼的飞机冲了过去。然而由于莉迪娅的飞机已经多处中弹,飞起来比较吃力,但是莉迪娅执著地希望能击落赫尔曼的飞机。只可惜事与愿违的是,飞机机炮发出的炮弹没有击中赫尔曼的飞机,却引起了他的注意。

涂有百合花的飞机!赫尔曼不再和其他的飞机纠缠,反而调转飞机来对付莉迪娅。莉迪娅想再次发射炮弹,但是机炮却出现了故障,并没有打响。莉迪娅的俯冲却没有得到预想中的结果,而她的飞机反倒冲在了赫尔曼的前面。诡计多端的赫尔曼抓住了这个机会适时的发出一串炮弹,莉迪娅的飞机不幸被击中了,但是因为慌乱,他没有打中飞机的要害。

关键时刻,莉迪娅的战友快速赶过来缠住了赫尔曼。这时莉迪娅才得以脱身,有了喘息的机会。但是莉迪娅并没有离开的意思,她艰难的控制着摇摇欲坠、遍体鳞伤的飞机,再次飞向高空。

瞬间,大家都明白了莉迪娅想要做什么,她是想和赫尔曼同归于尽!可是,她的速度太快了,没有人能阻止她的行动。大家眼睁睁的看着她从高空俯冲了下来,犹如一只受伤的孤雁,悲鸣而下,撞上了赫尔曼的 M—109 式战斗机。两架飞机瞬间爆炸,蔚蓝的天空中出现一团巨大的火焰,飞机残片四处飞散。

"莉迪娅!"空中指挥官和战友们撕心裂肺的呼喊着。但是,她再也听不到了。这时交战双方的飞行员全部惊呆了,没有人敢相信莉迪娅会

二战士兵浪漫曲

选择和赫尔曼同归于尽。

谁也不会知道，就在莉迪娅奋不顾身的俯冲下来的时候，她的内心释然了。她想，她可以去另外一个世界和科佳金和叔叔见面了。此时的她无比轻松，因为她为科佳金报仇了，前苏联也即将迎来胜利的曙光了，她可以安心地离开了。

爆炸后，飞机的残片从空中纷纷扬扬的飘落下来，落在前苏联广阔的田野里。莉迪娅，这个美丽勇敢的女孩离开了。而让人们惊叹不已的是，事后人们发现，莉迪娅飞机残片落在的那块田地，距离科佳金大尉牺牲的地方，还不足 900 米。人们不会忘记，战火蔓延时，有那么一对相恋的飞行员。英俊高大的男子叫科佳金，娇小美丽犹如百合花一样的姑娘叫莉迪娅。他们在战场上的英勇气概折服了很多人，他们甜蜜而短暂的恋情亦感动了许许多多的人。

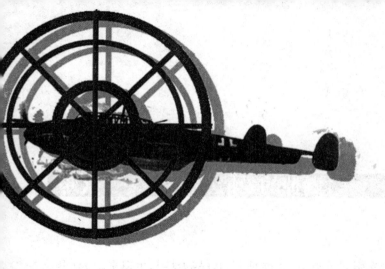

断掉的爱情

断掉的爱情

二战浪漫曲

不知道是谁最先引起了战争，或许是人的好战天性与生俱来。1941 年，整个世界都笼罩在二战的硝烟之中。意大利在战争之初，处于中立的位置。在两次世界大战之初，意大利都是处于摇摆不定的位置。虽然墨索里尼同希特勒私下交往甚密，但是英国同意大利也保持着较好的外交关系。

当法兰西战役结束，法国失败、巴黎沦陷之后，墨索里尼意识到参战的时机已到，于是站在威尼斯宫阳台上的墨索里尼向全世界发布了与意大利命运息息相关的参战宣言，意大利正式向英、法宣战。意大利人民也被迫卷入了这场与他们毫不相干的法西斯战争中。

虽然四处都是枪炮轰鸣，可是在某个角落总是要有一处自由的净土，来供人们栖息生存的。意大利北部广袤的卡索平原，一战时期，意军同英法联军曾在这里进行过一场激烈的交战。卡多尔纳指挥下的意军虽取得了胜利，虽然付出了惨痛的代价，意军死伤无数，士兵的战斗士气也一度低落。这位信奉"上级总是对的，越是错时越是对"的老将军的军国主义治兵手法，将意军弄得军心涣散。

时间过去了 25 年，在同样一块平原上，人们通过自己的劳动，在昔日的战场上建造出了一座美丽的小镇，取名为卡索镇。显然这时二战没有波及到这里，当整个世界都处在战火弥漫的状态时，这里却显示出了不一样的平和和宁静。

这天，镇上阿莫罗索大叔家住进了一位新房客，她是个漂亮的寡妇，叫欧拉纳。听说她是从离此地不远的镇上搬来的,因为丈夫在战场上战死了,因为寡妇的身份在原来的居住地惹来了诸多非议,而不得不搬到这儿来。欧拉纳的到来,让原本平静的卡索镇变得不再平静了,这里掀起了一场因嫉妒而引发的战争。流言的速度总是传播的很快,以讹传讹、众口铄金更是能将一个人毁掉。

毫无疑问,欧拉纳是个美丽的女人,在这样的乡野小镇里,如此漂亮的女人可以说是十分难得的。她有一头波浪状黑亮的秀发,镇上的很多女人在看到这头秀发后,都想要冲上去将它扯乱或是用剪刀将其剪断。那双美丽的眼睛,无时无刻不散发着迷人的光彩,再配上红润又性感的双唇。这样一幅长相,不知道叫多少男人心醉,叫多少女人心生嫉妒。

从欧拉纳住进阿莫罗索大叔家那天开始,镇上的所有人都在背后议论着这个女人。男人们对她居心不良,而女人则因管不住自家男人的心,骂她"荡妇""人尽可夫"。欧拉纳从未刻意炫耀过她的美貌,更无意招惹任何人。无论做什么事,她总是很小心,就连走路都是低着头,尽量避免别人审视的目光。她只想安静的过日子,如果可以选择,她宁愿放弃这副容貌,只要能让她平静地生活。

如果没有这场该死的战争,欧拉纳本来可以生活得很幸福,她有一个疼爱她的丈夫。可从意大利刚刚宣布加入战争的那天起,欧拉纳的丈夫就应征入伍了。丈夫刚离开的时候,镇上的人还是会像以前一样对她友善,生活和以前相比并没有什么变化,只是少了丈夫的照顾和陪伴。很快,欧拉纳的丈夫随着部队前往了利比亚,在利比亚地区同英法联军展开了激烈的交战。不久,德意军队在埃及的阿拉曼集结,准备同盟军展开新一轮的较量。

此时在阿拉曼地区指挥联军作战的是素有"沙漠之狐"称号的德国指

挥官隆美尔,隆美尔做好了一切战略部署,只等开战。可是隆美尔的身体却每况愈下,最后不得不离队休假,由威斯特法尔上校担任参谋长职务。

在交战双方的人数上,英军和隆美尔的非洲军有很大的差距,英军在人力和物力上几乎是非洲军的两倍。而且英军还拥有短而不中断的交通线,这是一个巨大的优势。所以此刻,德军急需意大利的增援。隆美尔在休假之前曾敞开嗓门说:"意大利人必须采取一切可能的措施,不惜代价,只要能在开战前派兵增援前线,并给前线官兵送去需要的给养物资,哪怕使用海军和潜艇都行。一定要在战斗开始之前做好准备,快,马上行动!"

墨索里尼迫于希特勒的压力,不得不照着做。就这样,欧拉纳的丈夫随部队来到了阿拉曼地区,准备作战。

为了能在战斗中生存下来,双方的官兵都在努力地为自己添加生命保障。隆美尔在自己一方的前沿阵地上,清楚地看到英国军队在挖筑工事。天空中布满了乌云,太阳像是不忍心看到这残酷地场面,没有露出一丝光线。隆隆的炮声拉开了这场战斗的序幕,密集的炮火、不间断的打击,这是蒙哥马利经常使用的作战方法,隆美尔对这种作战方法熟悉极了。他在自己的作战日记中写到:"一整夜,炮火没有停息过,长时间的炮声震得耳朵一直轰鸣。"你来我往、进攻防守,几天的时间里,鲜血汇成了小河,流淌在这片贫瘠的土地上。欧拉纳的丈夫无疑是个幸运的人,尽管很狼狈,但他在这次战斗中活下来了。

对于战役的发展,隆美尔很焦急,因为他还没有想到解围的办法。他内心里始终有一个声音在喃喃:"英国人会像他们自身一贯所希望的那样,再次显示出那种残忍的暴力,他们太强大了,能够让我们一扫而光,虽然我们全力以赴,重创了他们的坦克和步兵,但这依然不能改变什么,兵力相差悬殊,对我方已经越来越不利。"一整夜,隆美尔翻来覆去,他根本没有心情去睡觉,心无旁系的睡眠在这战场上只能是一种奢望。地平线的一端透出了光亮,天就要亮了,新的一天即将开始,就在隆美尔对新的一天抱有希望时,战斗轰炸机特有的声音传到了他的耳边,英军的又一次轰炸开始了。

德意联军从战役一开始就处于非常不利的位置,兵力薄弱,物资不足,可是他们仍然坚持战斗。联军方面的炮火越来越弱,可英军的炮火却是愈加猛烈,每一枚炮弹落地都会引起一片哀嚎。横尸遍野,支离破碎,到处是断手断脚。冷兵器时代的过去,让人们在战场上的死相越来越悲惨。

欧拉纳的丈夫在满是尸体的战场上匍匐着,不时被已倒下的战友的身体绊倒。又一枚炮弹落下了。炮弹在离欧拉纳的丈夫不远处爆炸了,炮弹的气浪将他掀翻了,他被震晕了,炮弹的碎片不断地落在他的身上,此时的他已经完全失去了知觉。

这场战役的末期,隆美尔 7 万人的部队开始了一场艰难的 2000 英里的撤退。至此,长达 12 天的阿拉曼之战终于以英国第八集团军的胜利而告终了。德意联军甚至还没来得及打理战场就仓皇撤退了。他们也不清楚哪些人死掉了,哪些人还活着。

他们只是到了安全的地方再清点人数,没有在列的士兵一律作阵亡处理。

最近几天,欧拉纳一直心神不宁,这是自从丈夫参战后她第一次有这样的感觉。她使自己尽量平静下来,不去想那些不吉利的事,可是即使是这样也没能阻止噩耗的到来。

一个士兵打扮的年轻人敲开了欧拉纳的家门,上前询问确定无误后,

二战 士兵浪漫曲

送上了阵亡通知书,一个人的死活在这一刻就被无情宣判了。欧拉纳不愿相信这是真的,可是现在她除了相信和被动地接受以外,对于苦苦等待丈夫归来的她来说还能怎么办呢?

欧拉纳的丈夫在前方被认为阵亡了,她成了寡妇,而且是个美丽的寡妇。这个消息像长了翅膀一样在镇上不胫而走,很快全镇的人都知道了。马上,就有一些男人在三更半夜的时候敲她家的门窗,或是在大白天里询问她一夜要多少钱。很快,欧拉纳成了镇上所有女人的公敌,每个有夫之妇在看见她的时候都会恶目相向,即使欧拉纳并未做什么。可能女人天生的漂亮,就注定是个错。

开始的时候,欧拉纳对这些流言蜚语置之不理,但是渐渐地,这种情况已经影响到她的正常生活了。当她去集市上买菜或买米的时候,那些卖菜的妇女不但不卖给她,还对她破口大骂,这一切都让欧拉纳百口莫辩。她决定离开这里,去别的地方生活。

欧拉纳就像朵温室中的小花一样,没经历过什么风雨。她未出嫁之前,有爸爸和哥哥们照顾她。出嫁之后,又有丈夫照顾她。她从来没有自己一个人出过远门,她哪里也找不到,她不敢走得太远,因此来到了卡索镇。

当欧拉纳第一天搬过来的时候,莫里克耐便注意到了她,虽然欧拉纳极力表现出低调,但她的美丽是粗衣烂布所掩盖不住的。莫里克耐是阿莫罗索的儿子,16岁的他正是爱情萌发的季节。当他遇到这个漂亮的寡妇之后,在男性荷尔蒙的操纵下使他情不自禁地便被这个年轻漂亮的寡妇吸引住了。即使无数人告诉他要离她远一点,他们不想让镇上这么年轻的男人也陷入这个寡妇的"魔爪",可是他就是无法自拔地爱上了她,而且是深深地爱上了她。

显然众人的警告在这个16岁"男人"的身上没有起到任何作用,他总是在经过欧拉纳小院门口的时候侧头向里面张望,他想对这位漂亮的女房客有更多的了解,虽然她不愿与人交往,平日里总是摆出一副拒人于千里之外的样子。事实上,更准确地说也没有人愿意与她交往,除了那些被军队淘汰下来的男人们。

自从这个女房客住进了他家以后,他的人缘儿变得异常的好起来。镇上总是有些又老又丑的男人拿些小伙子们喜欢的东西给他,然后借机问他,有没有陌生的男人到他家女房客那"坐坐"。他知道这些连上战场送命的资格都没有的可怜男人们在想些什么,他真替他们感到可悲和害臊。

镇上的一个长舌妇不知从哪里得来的消息,说这个女人的丈夫去参军后,她在家里不守妇道,到处勾三搭四。后来丈夫在战场上死了,而她也在原来的镇上因为臭名昭著混不下去,才搬到这里来的。这些话在添油加醋地润色和修饰后,被传得沸沸扬扬。欧拉纳如果没有特别的事从来不出门,当她被迫无奈出门后,也总是会有人在她的背后指指点点。

莫里克耐想要帮助她,他的帮助可能是这个镇上最纯粹和最单纯的,莫里克耐也很快就为自己的想法付出了行动。他总是在欧拉纳还未发现自家门口不知被哪个嫉妒的女人洒满了垃圾和馊水之前,就将它全部清理干净。或是在陌生男人来到她门口的时候,将他们全都打发走。他的帮助不含任何杂质,完全出于一个普通人对弱者的同情。

欧拉纳渐渐了解了莫里克耐的好意,开始愿意跟他接触,毕竟他只是个 16 的男孩,甚至算不上男人。可是就是欧拉纳与这个 16 岁男孩之间的正常往来,也被镇上的人想像得很肮脏。女人们说她不要脸,竟然去勾引少年。而男人们也仿佛恍然大悟,明白了为什么自己总是屡次被拒绝,原来这个寡妇喜欢年轻人。对于人们的无端猜测和诽谤,欧拉纳从来不做任何解释,她仍然习惯性地保持沉默。

对于莫里克耐与欧拉纳的种种传闻，房主阿莫罗索大叔虽然不信，但是介于名誉的问题，还是对此向儿子发出了口头警告。为了保住他的儿子，他甚至还曾想过将欧拉纳从他的房子里赶出去。可是他16岁的儿子显然已经是成人了，动荡不安的年代使他的思想快速成熟，他有自己的思维，父亲的想法已无法左右他的行动了，他依旧同欧拉纳保持正常的往来。

随着彼此慢慢地熟悉，莫里克耐开始理解欧拉纳的苦。她知道了她丈夫战死的事，知道了原来她是为了躲避流言蜚语和男人们的骚扰才来这儿的。可是没想到来到这儿，这一切仍然没有躲避得了。看着欧拉纳漂亮却毫无幸福感的脸，莫里克耐突然意识到了自己的责任。时间，他需要的只是时间，让他成长，长成真正的男人后，由他来守护她。这些只是莫里克耐暗暗下的决心，他没有对欧拉纳说出来，或做任何承诺，他怕她会像对待其他男人那样拒绝他，甚至远离他。他不喜欢她那样对待他。

流言没有随着时间而慢慢淡化，反而越演越烈。镇上的男人们一天比一天变得更加不安分，他们日夜想着漂亮寡妇欧拉纳的床，却苦于上不去。为了排解心中的烦闷，他们开始不断地光顾妓院，而冷落了家里的黄脸婆们。这些五大三粗的女人可是不会咽下这口恶气的，管不住自己男人的心，便将这些账一股脑儿全都算在了欧拉纳的头上。以前只是倒倒垃圾，泼泼脏水而已，现在她们可是要动武了。美丽的容貌她们没有，可是要论力气的大小，她们可不会输给任何人。

一天，欧拉纳正在清除院子里的草。这些草儿的生命力真是顽强，几天不除便会长满院子，如果人的生命力也能这么顽强就好了，那么她的丈夫在宣布死亡后就还能奇迹般地活过来。欧拉纳一边除草，一边做着各种不切实际的遐想。

正在这时，五个壮硕的女人踹开了小院儿的大门，走到正猫着腰除草的欧拉纳的跟前,二话不说便动起手来。欧拉纳在不明所以的情况下被摁在了地上,有人拽她的头发,有人撕她的衣服,有人打她的脸。穷凶极恶的黄脸婆们,手脚并用。在动手的同时,嘴里也没闲着,说着各种难听的话。

吵闹声引来很多人的围观,可是他们也仅限于围观,并没有人上前阻拦,他们都在看这漂亮寡妇的笑话。

战争在莫里克耐的出现后停止了,女人们说了句"寡妇的小男人回来了"后,便骂骂咧咧地走了,围观的人群也随之散去了。倒在地上的欧拉纳满脸是伤,头发散乱,衣服也被扯得破烂不堪。

莫里克耐将欧拉纳扶回屋后,一直陪她到晚上。整整一个下午,欧拉纳没有说过一句话,她只是呆坐在床上,一动不动。

第二天,一大清早,莫里克耐就来到了欧拉纳的小院。虽然他的父亲对他进行了阻止,可对他都无济于事。一整晚他都放心不下,所以早早地便来了。

莫里克耐轻轻地敲了敲门,他怕大声会吓到欧拉纳,昨天的那件事已经让她受了不小的惊吓。莫里克耐等了半天也没有人应答,他推开门走了进去。屋子里透着死一般的寂静,这让莫里克耐有些心里发毛,他突然有种不好的预感,下意识中马上冲进欧拉纳的房间。

欧拉纳穿戴整齐,双目紧闭,很安详地躺在床上,那样子就跟睡着没什么两样,可莫里克耐知道欧拉纳走了。她本来已经忍受了太多的痛苦,昨天的事情就像催化剂一样将她的所有情绪都引发了,死亡能让她感到轻松,她不用再承受对丈夫无尽的想念,也不用再遭受着别人的恶语相向。

在欧拉纳的枕边放着两封折得方方正正的信,一封的上面署着莫里克耐的名字。莫里克耐知道那是给自己的，于是将信打开了。

亲爱的莫里克耐：

原谅我的选择，请别为我伤心，这样的结果对我来说是好的，这样活着好累，只有死才能让我得到解脱。谢谢你一直以来默默地守候着我，我了解你的感情，可是我害怕我的存在会给你及其他人带来伤害。现在我走了，再为我最后做一件事后忘了我。我总是觉得我的丈夫还活着，我不敢搬得太远，我怕我的丈夫来找我，可是我真的等不到他来了。如果他来找我，请帮我把另外一封信交给他。

谢谢你，我亲爱的朋友！

看完信后，莫里克耐哭了，他哭得很伤心，他哭他的初恋在没有盛开的时候，就这样夭折了，原来她一直都知道他对她的感情。

莫里克耐将信收好后，开始准备为欧拉纳举行葬礼。他得去找些人手来，他一个人的力量有限，凭他自己是无法将欧拉纳好好安葬的。更何况欧拉纳活着的时候就很寂寞，他不想让她死后的葬礼也那么冷清。可是会有人愿意来帮忙吗？他们平日里讨厌死她了，可是不管怎样，他还是要去碰碰运气，说不定会有人来的。

镇子不大，莫里克耐挨家挨户地去询问，是否有人愿意来帮助他安排欧拉纳的葬礼。

被问到的人不觉一惊："那个女人死了？为什么？"话说出后，又像突然明白了什么似的住了口。欧拉纳的死跟他们有着直接的关系，不管是出于内疚也好，出于同情也罢，镇上的绝大多数人都来了。他们合力将欧拉纳葬在了镇口的墓地内，还请了牧师为她祷告，希望她在另一世界里可以跟丈

二战浪漫曲

夫相会,生活得安静些。

　　人有时候真的很奇怪,活着的时候无法被原谅的人,死后却很容易就被谅解了。葬礼结束了,人们都低着头散去了,还有些人在喃喃地说:"怎么就死了呢? 真是可惜!"是啊,怎么就死了呢? 莫里克耐一个人伫立在欧拉纳的墓碑前思考着这个问题,久久不能离去。

　　3个月了,欧拉纳已经死了3个月了。年轻人就是这样,很容易为一件事情感伤,但也很快就能将感伤忘记。莫里克耐渐渐地从欧拉纳走后的阴影中解脱出来了,他又重新变成了那个英俊又不失活泼的少年。

　　这一天镇上又来了一个陌生男人。小镇就是有小镇的好处,有任何风吹草动的事不用通过无线电就可以让全镇人知道。这个人是一副军人打扮,只是左手臂的袖筒内空空如也,脸上也布满了横七竖八的疤痕。那伤疤像刀刻得一样深刻,让人看了不觉毛骨悚然。他没有在乎别人议论的眼光,也没有急着走,而是在镇上的小旅馆里住下了。

　　"听说他在四处打听他妻子的下落,那样长相的人也会有妻子吗? 就连我这样身材的人都宁愿抱着枕头睡觉,也不愿嫁给他。"福利曼德琳大婶扭动着她肥胖的腰肢,同别的女人说着她今天碰到的新鲜事。这些无聊的妇女不用为国家出力,也不用为战事发愁,平日里只能靠着无聊的新闻来打发闲暇的时间。

　　她们的谈话引起了由此经过的莫里克耐的注意,"那个满脸伤疤的军人在找妻子,他找的会是欧拉纳吗? 他会是她的丈夫吗?"莫里克耐的心里划过了种种疑问,虽然觉得那样的几率简直是微乎其微,可是他还是决定去问一问,他不想放过任何一种可能。

　　莫里克耐来到了镇上唯一的一家小旅馆。小旅馆的主人尼米威德福大叔是爸爸的好朋友,莫里克耐上前询问之后,来到了传说中满脸伤疤的军

二
战
士
兵
浪
漫
曲

31

人的门外。莫里克耐深吸一口气，轻轻地敲了敲房门，在得到允许后，他推门进去了。

那个人背对着门口坐着，他的背影看起来很挺拔。

"您好，请允许我这样跟您说话，因为我担心我的脸会吓到您。"军人很有礼貌地说。

莫里克耐赶忙回答，他生怕一时的迟疑会让对方误解："没关系的，只要您觉得舒服就好了。"

"那么我们就这样说吧，请问您有什么事吗？"军人放心地说。

莫里克耐稍稍迟疑了一下，他还是决定问一下："我听镇上的人说您在找您的妻子，是这样吗？"

军人长叹了一口气："是的，我在找我的妻子。"

"那您的妻子叫什么名字？我认识的一个朋友正在等她的丈夫，她叫欧拉纳。"年轻人总是沉不住气的，莫里克耐在听到对方在找妻子之后，马上说了出来欧拉纳的名字。

听到这句话后，军人突然转过头来，突然转过来的脸吓了莫里克耐一跳，这个年轻的男人毕竟没有见过什么世面，不觉喊出声来。但是他马上又意识到了自己的失态，忙向对方道歉。

此时的军人很激动，他无法控制住自己发抖的声音："如果我的这张脸让您害怕了，我要向您道歉。可是我还是要问，您怎么知道我妻子的名字？您认识她吗？请您快点告诉我。"

莫里克耐知道眼前这位军人就是欧拉纳的丈夫，可是他不是战死了吗？为什么还活着？莫里克耐想不明白，可是他也知道现在不是他问这些问题的时候，他要把欧拉纳的信交给他看。自从欧拉纳死后，莫里克耐一直将那封信带在身上，他担心某一天会在路上突然会遇到欧拉纳的丈夫，到那时他就可以及时把信交给他了。莫里克耐马上从怀里掏出了那封欧拉纳临死前写给她丈夫的信。

军人颤抖地将信接了过来，由于过于激动，他的一只手无论如何也无法将信展开，莫里克耐忙过来帮忙，将信打开后又交给他。"谢谢！"军人轻声说道。

这就是欧拉纳的丈夫，他是那么的彬彬有礼，透过他满是伤疤的脸，莫里克耐仿佛可以想象到他未受伤之前的样子，一定英俊极了，否则不会娶到那么漂亮的妻子。莫里克耐趁军人读信的时候，才开始细细地打量他。

亲爱的：

我相信有一天你一定会看到这封信的，我从来都不相信你已经死掉了。不管你是因为什么原因离开我，我始终爱着你，我相信你对我的感情也是一样的。

"我一定要等到你回来"，这是你走后我就许下的承诺。可是对不起，亲爱的我失言了，现在我做不到了，请原谅我的不守承诺。我不是那种脆弱的女人，你一直都知道的，但是我却离开了。我的离开不是因为我承受不了生活的痛苦，而是我不想让我的存在给别人造成困扰和麻烦。虽然你现在还不能理解我的做法，可是我相信你以后会慢慢理解的，因为你是那么的善良。

如果你真的看不到这封信也没关系，希望你能坚强的活着，我会祝福你的。

永远爱你的妻子——欧拉纳。

当欧拉纳的丈夫看完信后,脸上早已经布满了泪水。有了泪水的点缀,使他的脸看起来不再那么的恐怖,温和了许多,哭泣使他的双肩不停地在抖动。他的妻子竟然死了,她在苦苦等他回来,但最终没能等到的情况下死了。想到这里他更加痛苦,不觉哭出声来。

一直站在一旁的莫里克耐惊呆了,是怎样的感情才能使一个男人这样痛哭流涕呢?他不懂。关于这对恋人他有许多的疑问,他不能走,他要将所有的问题都解开。

过了好一会儿,欧拉纳的丈夫擦了擦脸上的泪痕,抬起头,发现这个年轻的小伙子还没有走,他想起来还没有向他道谢呢,忙说:"谢谢你将我妻子的信带给了我,虽然此刻我很伤心,但是我仍然非常感谢你!"

莫里克耐犹豫了一下,还是说出了他的疑惑。"对不起,先生,我知道这可能会使您很伤心,但是我真的很好奇,为什么军队会说您死了呢?既然您活着,为什么没有及时来找欧拉纳呢?请您告诉我,可以吗?"

欧拉纳的丈夫长叹了一口气后,开始讲述他们的故事。

"我的父亲和欧拉纳的父亲是朋友,第一次世界大战的时候他们曾并肩作战,在我的心中他们都是真正的英雄。一战后,我们两家形成了比亲人更亲密的关系。我和欧拉纳也在渐渐地长大,我们常常一起玩,是公认的青梅竹马的一对。我还清楚地记得当我第一次见到她的时候,就已经认定她是我的新娘了,她是那么的迷人。"他一边讲述着他们的故事,一边陷入了对往事的回忆之中。莫里克耐不敢打扰他,只是在一旁静静地听着有关于他们的故事。

"我们都在期盼着快快长大,后来我们结婚了。我们是那么的幸福,如果没有这场战争,我们的幸福会一直延续下去。我一直都想成为像我父亲那样的英雄,所以当战争爆发的时候我坚决要去参战。虽然欧拉纳曾苦苦哀求我，叫我不要去，可是我还是去了。我让她在家安心地等我回来，等着我光荣地回来。可是……"他的表情又转为了悲伤，像是不愿回忆某种痛苦的时刻，声音也越发哽咽起来。"我的身边有一颗炸弹炸毁了，我失去了一只手臂，无数的炸弹碎片镶嵌在了我的身体里，我的容貌也被毁了。无尽的痛苦折磨着我，我曾一度想到过死，可是那是懦夫才有的行径。我不愿这样回去见欧拉纳，我在她的心中是那么的完美。所以我请我的同伴帮我带口讯回去，说我战死了。我不想让她看到我丑陋的样子，我想让她忘了我。"

"可是为什么您现在又回来了呢？"莫里克耐忍不住问道。

"虽然我想让她忘了我，可是我却忘不了她。我每天都在想念她的煎熬中度过，后来我想，或许我的妻子也在忍受着同我一样的痛苦。这样的原因使我回来，回来找她。当我回到家时，她已经搬走了。镇上的人说她勾搭了别的男人，跟那个男人走了。"说到这里，他的情绪有些激动。"可是，我不相信，我的妻子不是那样的人！"

"先生，你说得没错，那不是事实。因为听说您在前线战死的消息，所以很多男人都来骚扰您的妻子，她很害怕就搬来了这里。可是来到这里仍然没有躲过那些事，她不但遭受到了男人的骚扰，还惹来了女人的嫉妒。这让她觉得她是所有麻烦的源头，或许她的死亡可以换来所有的平静。因此她选择了死，她是那么的美好和善良。"说到这里，莫里克耐不禁也掉下泪来。

事情都清楚了，是他的一个谎言害死了他的妻子。此时，欧拉纳的丈夫反而显得很平静："谢谢你将这一切告诉了我，我想一个人思考一下我接下来的路要怎么走，再见。"莫里克耐虽然将他一个人留在房间里有些不放心，可是还是走了。

二战士兵浪漫曲

那是莫里克最后一次见到欧拉纳的丈夫,他同欧拉纳一样都选择了用自杀来结束自己的生命。听说他在死前只留下了这样一段话:

　　我要用我的灵魂来守候她,我不想让她在另一个世界里也遭受别人的骚扰。

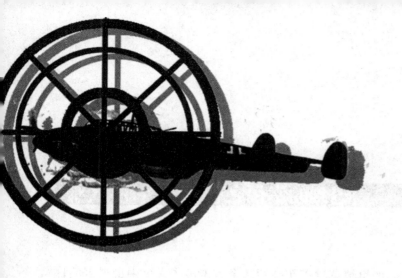

迟到的幸福之花

迟到的幸福之花

世界上最伤心的事情莫过于相爱的两个人走过了人生中最艰苦的日子,最后却没能在一起。而世界上最令人欣慰的事是本以为永远不能再见了,可是机缘巧合却使这两个人多年之后再次重逢。

纽约的布鲁克林有一位风韵犹存、言语不多的太太,经营着一家小小的金银首饰店,她叫西拉·查夏洛维茨。63岁的西拉·查夏洛维茨太太是个犹太人,她自丈夫去世后一直寡居,她把那家丈夫留给她的首饰店打理得很好。

查夏洛维茨太太举止端庄,不知是什么原因,她很少同别人交流,更不会提起陈年旧事。查夏洛维茨太太经历过二战的硝烟,身为犹太人,面对着同胞们被法西斯屠杀,她有着无边的恐惧和痛楚,这或许就是她不愿意提起往事的原因。

由于有时会忙不过来,查夏洛维茨太太雇了一位年轻的姑娘来首饰店里帮忙。她是波兰人,店里不忙的情况下,她们就坐下来喝杯咖啡。

一天,首饰店快打烊的时候,她们一边喝咖啡一边说起了往事。平时不爱开口的查夏洛维茨太太竟说起了关于自己的往事,这让波兰女孩很惊讶。查夏洛维茨太太沉浸在回忆里,脸上浮出幸福的表情,她轻轻地说:"你知道么?在好久以前我也曾深深爱上过一个波兰的小伙子,只是那已经是很久很久前的事了。"

查夏洛维茨喃喃地述说着往事:

那是关于二战的一段血与泪的故事,她和波兰小伙子的爱情就是在这个不和平的时代里生根发芽。那是在 1934 年,战争狂人希特勒上台之后,为了他的政治目的,立即发动了骇人听闻的反犹太人的暴行。

在希特勒看来,犹太人的富有和智慧会威胁到他,会影响他建立"第三帝国",因此他一定要把犹太人清除掉。而一战后的《凡尔赛条约》的签订,让德国社会政治完全处在混乱状态,这就给希特勒的反犹太人思想创造了条件,这种反犹太人的思想在德国社会开始蔓延起来。

1939 年,在德国法西斯的残害下,人们过着地狱般的生活,给犹太人留下了惨痛的回忆。

法西斯德国在二战期间建立了很多集中营,许许多多的犹太人被关在各地的集中营里,等待纳粹丧心病狂的残害。而查夏洛维茨太太和波兰小伙子比莱基就是在集中营里认识的。

查夏洛维茨太太年轻的时候,大家都叫她西拉。她生活在波兰一个幸福的家庭里,父亲是个磨坊主,有一幢很大的房子和一片农场,家境很富裕。

西拉是个美丽聪明的女孩,一张俏丽的脸庞,一双会说话的眼睛。从小到大,见过她的人都无法忘记她的美丽。小的时候,邻居卡玛阿姨非常喜欢她,还希望自己也能有这样一个可爱的女儿。每当西拉在门前草地上玩皮球的时候,卡玛阿姨都会隔着栅栏递给她一些好吃的小甜点。除了卡玛阿姨这样喜欢她,父亲的朋友也都很喜欢她。西拉还是一个勤奋好学的女孩,她在学校里经常得到老师的夸奖,她的愿望是长大后成为一名药剂师。

时光飞逝,西拉渐渐长大了。但是,战争也开始了。希特勒上台之后实行了反犹、屠犹的政策,这使西拉一家人都笼罩在纳粹的阴影下。在 1943 年,年仅 19 岁的西拉与她的家人一起,从波兰被押解到奥斯维辛集中营。

在押解的途中,大闷罐车里,密封得严严实实,没有一点供养,被逮捕的犹太人都挤在一起。汽车因为在坑坑洼洼崎岖不平的路面上行驶而不停的颠簸着，车里面没有一丝亮光，黑暗中，西拉恐惧地缩在母亲的怀里，不敢出任何声音。母亲也恐惧地说："他们是想杀死我们！"健壮的父亲小声安慰道："没事的，德国是一个文明的，有涵养的民族，在文明社会的今天，是不会发生这样野蛮的事情的。"这话连父亲自己都觉得是那么的苍白无力。

集中营里戒备森严，里面的纳粹士兵是没有人性的恶魔。到处都能看见穿着军装、军靴，背着机枪的纳粹士兵，越狱出逃是绝不可能的事情。如果有人有什么想法或者是举动，一旦被发现就立即被打死。

可怜的西拉当时只有 19 岁，她还很年轻，有美丽的梦想，但是，这都将被即将到来的死亡所吞噬。

1944 年的春天，西拉和母亲被带走，关在一间大屋子里，屋子里坐满了犹太妇女。而父亲被安排到别处做苦力了。没有人告诉他们之后会怎么样，什么时候被杀死，集中营里包括西拉在内的所有犹太人，他们只是在等待，等待纳粹杀死他们的那一天。

就在西拉几乎绝望的时候，她遇见了比莱基。

1941 年，比莱基为了寻找政府军，和战友一起越过边境来到法国。可是由于行动的保密性不够强，被间谍知道了，德国法西斯秘密逮捕了他们，并把他们送到了奥斯维辛集中营。尽管比莱基是第一批被关入集中营的人，但由于不是犹太人，比莱基幸运地活了下来。

西拉永远也忘不掉和比莱基第一次见面时的情景。那天午后，在温暖的阳光底下，西拉第一次闻到了屋外青草的味道。此时比莱基刚好路过这里，当他经过其他屋子时看了一眼，就是这样一瞥，他看到了西拉，美丽的西拉。

西拉感觉到有人望向她这里，她也抬头望去，两人的目光就这样相遇了。西拉年轻漂亮，眼睛犹如清澈的溪水，纯真无瑕。短短的一瞥，比莱基感触特别大，他仿佛听到幸福花开的声音。

二战浪漫曲

仅仅是一面,他们双方就难以忘记对方的脸和眼神了。那个暖暖的下午,比莱基在西拉的屋子前徘徊很多次,每次他都会装作不经意地朝屋子里望去,而且每次都能看见西拉也在看他,她仿佛是等待着他的目光。的确如此,西拉也不清楚自己为什么会期待这个陌生的小伙子的目光,她突然很期盼他的经过。没有话语,只有眼神的交流。

几天之后,他们终于有了交谈的机会,他们知道了彼此的名字。从那以后,只要能见面,他们都会偷偷地说话。有的时候,纳粹士兵在旁边守着,他们不能说话,于是就用眼神传递彼此要说的话语。奇怪的是,他们竟然都知道对方想说的是什么,那份默契是相互喜欢的人之间的心有灵犀。

渐渐的,他们相爱了。比莱基喜欢西拉的温柔和美丽;西拉喜欢比莱基的幽默和热情。他们在一起的时间非常少,有的时候说不上几句话就匆匆去做各自的事情。在这个没有自由的地方,他们的爱情依然倔强地生长着。一有机会见面,比莱基都会给西拉讲他这几天所见到的有趣的事情,而西拉很喜欢听他愉快的声调,那是一种振奋人心的声调。有的时候要等很久才能有机会见面,两个人都在漫长的等待中思念着对方。

然而,生命的未知一直困扰着比莱基,想起西拉的将来,他的脸上就会浮现出无限的忧伤。比莱基在集中营里做波兰劳役,可能还有活着离开集中营的希望,毕竟他不是犹太人。但是西拉身为犹太人根本就不可能活着离开,等待她的只有死亡。如果有一天西拉离开了,他会怎么办?比莱基不敢想像。

1944 年,二战的形势转好,德国法西斯面临着惨败的结局。苏联红军在取得斯大林格勒保卫战胜利之后,乘胜追击,德军节节失利。丧心病狂的纳粹加快了对犹太人的屠杀,从各个地方押解来的犹太人被集中安置到奥斯维辛集中营。仅在 1944 年 5 月到 7 月间,就有大约 40 多万犹太人被送到奥斯维辛集中营。然而这些人不知道,等待他们的是怎样的灾难。他们被关进密闭的毒气室里惨遭杀害。

灾难也降临到了西拉一家人的身上，他的父亲和母亲还有邻居都被关进毒气室里，被残忍的纳粹杀害了。西拉受到了极大的打击，她不停地哭泣，她的世界里一片昏暗。命运夺走了她的亲人，她也将面临死亡，这是一件多么不幸的事情。每当成批的犹太同胞被纳粹带走的时候，西拉都会噩梦连连，梦中到处是鲜血和尸体，还有纳粹得意洋洋的笑声。

而比莱基意识到西拉的处境，他想，西拉一定接受不了亲人离开的事实，可是，没有人在她身边安慰她，没有人能救她脱离这个"地狱"。不行，一定要救她！比莱基坚定地告诉自己。

终于找到机会和西拉见面了，可是比莱基惊呆了。西拉往日清澈的眼眸布满了血丝，脸色苍白，憔悴的样子使比莱基很是担心。他握住西拉的手，想让她感觉到他的力量和温度。他安慰她说："西拉，西拉你坚强些。"

西拉泪流满面："比莱基，我失去了父亲和母亲，我也要死了，是吗？"

"不会的，你不会死，有我在呢！我会想办法救你出去的。"比莱基这样安慰着西拉，但是他很清楚，想逃出纳粹的集中营是一件多么困难的事情。为了让西拉有信心有希望的坚持下去，他必须这样说。

那个晚上，比莱基就开始筹划逃跑的方法，他整整一夜都没有合眼。连续几天里，他都在思考这件事情。几天之后的一个傍晚，比莱基看见几个纳粹士兵拿着几件脏衣服走进了对面的洗衣房，他突然间想到了一个好主意……

菲利普！他要找菲利普来帮他这个忙，也只有菲利普能帮他这个忙。

在此之前，菲利斯也受到了纳粹惨绝人寰的摧残，他在经历了一次致命的疟疾和几次医学试验后顽强地活了下来。他的左眼失明了，于是被分到洗衣房里做事。如果在那里弄一件纳粹军服应该不成问题，因为在洗衣房里每天都有成千的纳碎军服被堆积在一起。即便丢失一件两件也不会有人发现。

第二天晚上,比莱基找到了菲利普,他说:"我有一件事需要你的帮助,不管你答不答应我都将感激不尽。"

"什么事情?你快说吧。"菲利普爽快的应道。

"我要套军服,纳粹的。"比莱基对菲利普说明了救西拉的整个计划。

这是一次冒险,弄不好就会被发现,结果就是死路一条。尽管是这样,菲利普还是很爽快地同意帮助比莱基。

第二天一早菲利普就偷偷潜入了洗衣房,设法偷出了一件纳粹军服的上衣。由于害怕,他的手剧烈的颤抖着,慌乱的吧军服藏在衬衣里,然后等比莱基来取。等待的时间对于他来说是那么的漫长,每一分每一秒都像是煎熬一样。菲利普害怕被发现,每当纳粹士兵来送脏衣服的时候,他的额头都渗出细密的汗珠来。

比莱基终于来了,取走了衣服,菲利普才舒了一口气。他把偷来的军服藏在一个十分隐秘的地方,没有人会注意那里。没过几天,菲利普又趁机帮他整到了一条军裤和一双鞋。

衣服和鞋都弄到了,还有一个关键的问题就是怎样弄到一张通行证。集中营的纳粹军官和士兵一般都是随身携带通行证的,想要弄到通行证是十分困难的。但是,幸运之神似乎很喜欢眷顾比莱基,机会来了!

一天,一个身材高大魁梧的纳粹军官来到洗衣房要求换洗新衣服,他命令菲利普立即给他找身干净的衣服,菲利普连忙给他找来一套干净衣服。随后,军官换完衣服便离开了。巧合是纳粹军官将他的通行证遗留在脏衣服的口袋里,菲利普是在整理脏衣服时才发现了这张绿色的通行证。他有些不敢相信,自己在这样的鬼地方会有这样的好运。

通行证的颜色是纳粹为了区别彼此的身份,加强集中营的管理设置成的。当然有很多种不同颜色的通行证,每一种颜色的通行证都有固定的通行时间,纳粹们在通行证的颜色和时间对上的前提下才能在集中营来回走动。得到了这张通行证相当于事半功倍,比莱基非常高兴,他期盼着"绿色"时间快些到来,这样他就可以采取行动了。为了保险起见,他还把通行证上的名字作了修改,以防哨卡士兵恰巧认识拥有这张通行证的纳粹军官。

在一个偶然的情况下,一位士兵前来领取用品,他拿出了比莱基最想看到的东西,那就是绿色的通行证,比莱基按耐不住内心的兴奋,同时,他又感到无比的紧张,心里像是有一只小兔子,嘭嘭跳着。他找到了和西拉见面的机会对她说:"西拉,不出意外的话,我可以救你逃出这里。"

"什么?"西拉仿佛没有听明白一样,她连忙让比莱基再说一遍。

"亲爱的西拉,我是说我能救你逃出这个恐怖的集中营了。星期五下午会有一位军官提审你。"比莱基顿了顿又说,"当然,那个纳粹军官就是我。"

"是真的吗?天哪!我真不敢相信自己的耳朵。可是,比莱基,我们真的能逃出去吗?"此时的西拉像只兴奋的小鹿。

"是的,我们能逃离这里。"比莱基肯定地说,眼神示意西拉要相信他。

星期一,星期二,星期三……比莱基和西拉都在艰难的倒数着行动的日子,时间在一点点的减少,他们越来越紧张。尤其是比莱基,逃跑行动成功与否的关键就是他装扮成的纳粹军官能不能成功地把西拉带出来"提审"。在出逃的前一天晚上,比莱基心里忐忑不安,明天是重获新生还是面临死亡?他不知道,也不敢想象逃跑失败的结果。但是为了西拉,他要试一试。

星期五这天终于到了,天气异常闷热,很多纳粹士兵都在打盹。比莱基心想。这样更好,懒洋洋的午后,纳粹士兵都很散漫,没有人会在意他在做什么,这正适合逃跑。

集中营里一片寂静,仿佛暴风雨来临之前的那种寂静。大片的乌云笼罩在集中营屋顶上的天空中,比莱基偷偷的来到粮库,仔细查看,发现周围的确没有人，他迅速取出藏着的衣服和鞋子。由于紧张，他的手指不停地颤抖着，汗水从脸上蜿蜒而下。终于穿好了衣服，为了稳定自己那紧张不安的心情，他反复吸气和吐气。最后，比莱基把脸上的汗水擦掉，戴上墨镜，朝西拉的看守点走去。

走在路上，比莱基故意踢踏着皮鞋，这样就更像纳粹军官了，幸运的是没有人发现他是假扮的纳粹军官。

比莱基和看守士兵说要"提审"西拉，看守士兵看过他的绿色通行证，便把西拉押了出来。紧张的西拉望了一眼比莱基，她几乎认不出来眼前的纳粹军官就是比莱基，他装扮得太像了。由于西拉害怕被发现，她紧张极了，双腿瑟瑟发抖，颤颤巍巍地向前走着。看守西拉的士兵不耐烦地呵斥着她"快走"。这时，雷声隆隆作响，看样子马上就要下雨了。

前面不远就是集中营的大门，两个人一前一后，心中充满了恐惧，用眼睛的余光偷看着四周向前走。这段距离其实很短，但是比莱基和西拉却感觉它是那么的漫无边际。他们希望快点到门口，但是，每走一步都是在惊险中迈开，落下。终于到了集中营的门口，哨兵并没有发现眼前的军官有什么不同，例行公事地看了一眼通行证，随后行了个纳粹军礼，就放行了。

尽管放行了，比莱基和西拉还保持原来的行走速度，假装没事似迈着正常的步子走出大门。他们在担心，怕哨兵发现他们的异常，这样就会叫住他们严加盘问，或直接举枪向他们射击。不过一切担心都没有发生，哨兵没有叫住他们，更没有人向他们开枪，他们成功的逃离了集中营。

这时雨水伴随着雷声倾泻而下，集中营外面的道路十分泥泞。尽管雨很大，道路低洼不平，但浑身湿透的比莱基和西拉都没有停下来，一直朝前走着，他们生怕纳粹发现他们已经逃跑了，会派很多人骑着摩托追过来。为了更安全一些，离集中营更远一些，疲惫的他们又加快了步伐。

当他们的面前出现了绿油油的草地和清澈的索拉河时,他们终于松了一口气,这里应该安全了。

"比莱基,我们真的逃出来了!"西拉眼里含着激动的泪水,这对于她来说简直是一个梦,绵长的、惊险的梦。她不用面对死亡了! 她自由了!

"是的,我们自由了,这是一件多么美好的事情,我太高兴了!"比莱基兴奋地说。两个死里逃生的恋人拥抱着,喜极而泣。

"看,比莱基,那绿油油的草地,还有河岸边的鲜花,我从来没有发现他们这么的美!"西拉兴奋地说。

"自由真好!"比莱基感叹道。

比莱基做到了,他救出了西拉。是幸运之神帮助了他们。傍晚十分,雨已经停了,比莱基和西拉还继续向前走着。这个时候,纳粹应该发现他们逃跑了,所以,他们不能停下来。可能下一秒,纳粹就会追赶上他们,也可能当他们明天早晨醒来的时候,发现自己又回到了集中营的房间里。每当想到这些,比莱基和西拉都不由自主地加快了脚步。

因为怕纳粹在城镇里搜索他们,他们不敢走城镇,只是挑着乡间偏僻的小路走,如果需要,他们会在山中的树林里行走。至于食物,他们在树林里找些能吃的野菜,喝山中的河水。半个月后,当比莱基和西拉穿过一片树林的时候,在他们的面前出现了一个小镇,这就是比莱基的家乡。

比莱基高兴地说道:"看,西拉,那就是我的家乡,我的妈妈应该还在这里,一会你就能见到她了。我真想像不出来她见到我会是什么样的表情。"

随后,比莱基深情的握住西拉的手说:"西拉,我们永远都不要分开了。"

西拉点头,说道:"比莱基,谢谢你,是你给我带来了活下去的希望。"

夕阳的柔光中,两个人许下了诺言,可是他们不知道,等待他们的还有很多意想不到的事情……

比莱基所居住的小镇依然没有得到解放,小镇上所有的居民都还笼罩在法西斯的阴影之下,刚刚从集中营里逃出来的比莱基和西拉在这里根本就没有安全可言。比莱基很为西拉担忧,每天,他都会外出,为的是打听一下现在的战争形势。还有就是为西拉找一个安全隐秘的地方居住。

比莱基的母亲已经50岁了。面对儿子平安的逃出集中营,她很高兴,心里一块大石也落地了。但是,她很排斥比莱基带回来的这个犹太女孩。她实在不能接受儿子爱上了一个犹太姑娘的事实。纳粹对犹太人的态度她是心知肚明的,儿子救这个犹太姑娘出来就已经仁至义尽了。但是,犹太人毕竟是犹太人,纳粹是不会放过任何一个犹太人的,这也会给她的儿子带来危险的。

比莱基的母亲不想让儿子和西拉继续下去了,唯一的办法就是赶走西拉。她知道儿子深爱着西拉,但是为了避免以后的灾难,她必须这么做。

一天,比莱基外出了,他的母趁机来到他们躲藏的屋子里,西拉很热情的招待她,可是这个年过半百的老人却很不通情达理,她冷冷地看了西拉一眼说:"我为了比莱基的幸福来请你离开这里。"

西拉没有想到比莱基的母亲会说出这样的话来,她泪流满面的说:"我不能离开比莱基,我深深的喜欢着比莱基,求您,让我们在一起!"

可是,比莱基的母亲根本没有理会可怜的西拉继续说道:"我不会让你们在一起的,你是个犹太人,你知道的,你们根本不可能,上帝也不会允许你们在一起的。"

可怜的西拉像一只被遗弃的小猫一样失落的离开了这个小镇,一路上,她在心里默默地念着比莱基的名字:比莱基,你在哪里? 中午的太阳狠狠地照在个小镇上,已经汗流浃背的西拉绝望而又艰难地向前走着。她多么希望自己不是犹太人,那样比莱基的母亲就不会将她赶走了。可是,如果自己不是犹太人,又怎么能在集中营里见到比莱基? 更不会爱上他。西拉又为自己是犹太人而庆幸着。

下午,比莱基回到和西拉藏身的小屋,却找不到西拉。他焦急的呼唤着心上人的名字,却没有人来回应。这时,他的母亲给他带来吃的东西并告诉他西拉已经离开这里了。比莱基不敢相信一向慈祥的母亲会将西拉赶走,他艰涩地说:"妈妈,你怎么能将西拉赶走,我是那么喜欢她!"说完,他便夺门而出,寻找西拉去了。

西拉,你在哪里,西拉……比莱基一路呼喊西拉的名字。终于,在小镇外面的小河边,他找到了西拉。西拉没有离开,她正坐在小树下面哭泣,比莱基朝她奔过去,握住了她的双手,却一句话也说不出来。西拉看着满头大汗的比莱基痛哭起来。

"我们不要分别,不要离开!"比莱基永远也忘不了西拉说的这句话。

此时的波兰为了赢得解放出现了很多游击队,为了国家的胜利,为了和西拉未来的幸福生活,比莱基决定重新加入游击队。西拉不能在小镇上继续住下去了,比莱基找到了好心的采尼克夫妇并把她托付给他们照顾。

采尼克夫妇是一对生活在郊外的农人,虽然贫穷但是却很善良,他们把西拉当作亲生女儿来对待。温柔、善良和勤劳的西拉很喜欢采尼克夫妇,她对这来之不易的平静生活十分满足,在那个温馨的房子里,她们像一家人一样快乐的生活着。

西拉很勤劳,早晨很早就起床,然后去农田里干农活。雨天的日子里,她会在家里料理家务。有闲暇的时间,她就会给比莱基写信,给比莱基写信的时候是她最幸福的时候。一封封信载着她的思念,她盼望能和比莱基早日相聚。

每当太阳快要落山的时候,西拉就会伏在屋前的木桌上给比莱基写信。晚霞染红了天边,橙色的柔光镀在西拉年轻漂亮的脸庞上,除了幸福还是幸福。西拉写到:

"亲爱的比莱基,我是多么想念你!今天的晚霞很美,你那的呢?希望你早日回来……"

比莱基刚刚离开的那段日子里,西拉总能收到他的来信,那些信带着战场上硝烟的味道和比莱基对她深深的思念。每天晚上,西拉都要从这些信中任意取出一封来读,然后在幸福的期待和满足中酣然入梦。可渐渐的,比莱基的来信越来越少,到最后,没有了他的消息。西拉很是担心,她每天都要跑到小镇上去打听比莱基的消息,可每次都是失望而归。

1945 年的春天,西拉寄居的小镇迎来了解放的曙光。西拉很高兴,她想用不了多久,比莱基就能回来了,他们就可以团聚了。可是,西拉等了一天又一天,比莱基还是没有回来。

又过了一些日子,采尼克太太到镇上去采购,她听说比莱基在作战中牺牲了,这对于西拉,无疑是一个噩耗。她魂不守舍的回到了家中,她不知道该怎么告诉西拉。那个美丽、单纯的西拉能接受比莱基阵亡的消息吗?西拉日日都盼望着能见到比莱基。采尼克太太不忍心告诉她这个事实,但是,不告诉她,她就会一直等,西拉等了一天又一天,比莱基还是没有回来。

最后,采尼克太太还是把这个消息告诉了西拉。西拉静静地哭了,比莱基走之前告诉她让她等着他,结果是等到了他永远都不能回来的消息。上帝为什么要带走她的比莱基?纳粹集中营中那么艰苦的条件下,比莱基都坚强地活了下来,为什么却不能等到战争胜利的那一天?

其实,比莱基根本没有死,采尼克太太听到的消息是不真实的。虽然西拉所在的小镇解放了,可是还有许多地方仍在纳粹们的控制下,为了解放这些地方,比莱基所在的游击队又来到了西线战场,在那里顽强的同纳粹战斗着。可是西拉不知道,她以为比莱基永远都回不来了,再等下去也是徒劳,无奈之下她带着对比莱基的所有感情离开了那个小镇。

战争结束了，比莱基风尘仆仆的返回家乡。他返回到小镇的第一件事情就是飞奔到采尼克夫妇家，那里有他惦念的西拉。可是，等待他的却是西拉离开的消息。采尼克太太对于比莱基的到来很是惊讶，她说："比莱基你还活着？我们都以为你阵亡了，可怜的西拉因为你哭了很多个晚上。"

比莱基急切地询问西拉去了哪里，然而采尼克夫妇也不知道她去了哪里，只知道她坐晚上的火车离开了。比莱基离开那个小镇，到处打听西拉的情况，可是没有一个人知道她去了哪里。无边的痛楚笼罩在比莱基的心头，他每个礼拜都会去采尼克夫妇家一次，他希望某一天能打听到有关西拉的消息。

可是从那以后，他就再也没有打听到关于西拉的任何消息。相爱的两个人就这样阴差阳错地散落在天涯了。

西拉离开的那天晚上，在火车站里认识了一名犹太男子，无处可去的西拉和犹太男子一起投奔了男子的哥哥。犹太男子的哥哥名叫大卫，是一个精明能干的商人，他对美丽的西拉一见钟情。在相处的过程中，他对西拉无微不至的照顾感动了西拉，随后，大卫向西拉求婚。世上已经没有比莱基了，西拉只能把对比莱基的情感深埋于心底，无奈的她选择了大卫。

结婚以后，他们曾搬了好多次家，首先去了瑞典，然后在美国定居，大卫在纽约开了一家店，专门经营首饰，平凡的生活让一家人相安无事。

回忆着年轻的时光，西拉会不由自主地想起比莱基，那个让她一生都无法忘怀的波兰小伙子。

1975年大卫去世之后，西拉便独自经营着这家首饰店。

"这就是我和比莱基的故事。"说完之后，西拉·查夏洛维茨太太静静地喝完杯子里最后的咖啡，她抬头朝波兰女孩笑笑说："瞧，咖啡都冷掉了。"

波兰女孩听着这段感人的故事，觉得它仿佛似曾相识，哪一个情节好像都有印象。想起来了，她高兴地对查夏洛维茨太太说："我记得在波兰电视台有一次的采访节目,一位男子说的是他在纳粹集中营的故事,故事的情节和你的故事好像。对了,那个人说他救到的姑娘的名字好像就是您所说的那一个西什么娃。救人的人肯定还活着,他说不定就是您所说的那个波兰小伙子比莱基!"

听到波兰女孩的这些话,查夏洛维茨太太激动的握住她的手说:"是真的吗? 你确定真有个这样的男子曾接受过采访?"

"是的,你可以打电话给电视台,那样就能找到那个男子的电话号码。"波兰女孩说道。

查夏洛维茨太太在波兰女孩离开后,就拎起电话,拨了电视台的电话号码。她告诉电视台,她就是那个男子所说的女孩,在电视台的帮助下,查夏洛维茨太太知道了比莱基的电话号码, 那是波兰诺威塔克市的电话号码。带着期盼的心情,查夏洛维茨太太在两天后拨通了电话号码。此时的比莱基正在书桌旁看书,听见电话声响,就起身来到电话机旁,接起电话,只听见话筒中传来一个颤抖又有些熟悉的声音:"比莱基,是你吗?"

比莱基也大吃一惊,拿着电话的手激动地颤抖着。那个熟悉的声音,那个他日思夜想的声音,那个他以为永远也听不到的声音,是西拉! 他一下子辨认出来。随即颤抖的问道:"西拉,你在哪里? 我以为再也不能听到你的声音了。"

查夏洛维茨太太张了张嘴,嗓子却干涩难当,眼泪止不住地流了下来,好不容易才说出声音:"那年我在藏身的小镇上知道你在战场上牺牲的消息后,我绝望了,我以为我最亲爱的人永远离开了我。为此,我离开了藏身小镇。这么多年,我没有忘记你,在一年又一年的平安夜里,我都独自一人在房间里,点燃一枝蜡烛,在烛光中想念着你,为你祈祷。"

将近半个世纪之后,这对恋人才知道彼此都活着。命运和他们开了个不小的玩笑,让他们生活在同一片蓝天下,却不知道对方还活着。可是命运又帮助了他们，使他们再次得以相见。偶然的机会，他们联系到了彼此，岁暮之年，得以相见，这对于他们来说就是最幸福的事情了。

通过电话，西拉很快起身飞往波兰。

多年之后再重逢，从飞机上慢步走下来，西拉边寻觅边朝着等候的人群中走去。此时的比莱基手捧一束玫瑰站在人群之中朝她挥手。他还是那么高大，曾经的往事涌上心头，西拉不禁落下泪来。

看着曾经的爱人泪流满面，比莱基也百感交集，那个他不断寻找的甚至以为永远也找不到的西拉就站在面前，他内心的欣喜无法形容。

"这么多年了，你一点都没有变，还是那么高大英俊。"西拉感慨地说。

"我亲爱的西拉，你也没有变，依然温柔美丽。"比莱基凝视着西拉深情的说。

后来，西拉才得知，二战结束之后，比莱基也离开了家乡。多年来，他没有停止过寻找西拉。可一直都没有结果，失望的他去了波兰的诺威塔克市。他在那里认识了一个女孩，然后结婚、生子。过着平静的生活。比莱基曾经当过工程师和教师。德国投降之后，他得到了 1600 马克，这是政府给他的补偿。在奥斯维辛集中营里他遭受了常人无法想象的苦难，这点钱算是对他的一点慰藉。同时，帮助他和西拉逃跑的菲利普也得到了政府的赔偿。

1979 年，比莱基退休了，妻子去世后，他便回到家中独享晚年生活。

幸运的是，比莱基和西拉又相聚了，经历了那么多苦难，他们终于走到了一起。此时他们最大的愿望就是彼此牵手，走在夕阳下，一起度过人生中的最后时光。他们又回到了曾经藏身的那个波兰小镇，那里有他们年轻时的记忆。

二战浪漫曲

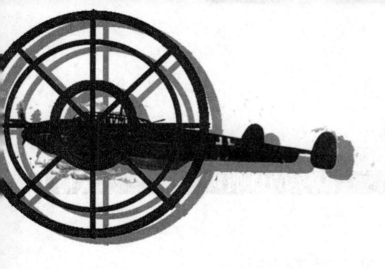

优美的口哨声

这是一段被优美的口哨曲见证的爱情。

二战之前短暂的和平时期，在英国伦敦，一位英俊的小伙子克鲁斯邂逅了一位漂亮的姑娘，这个姑娘叫迈克丝。迈克丝非常迷人，有很多追求者。她有高挑的身材，金黄色的卷发，迷人的笑容。从见到她的第一天起，克鲁斯就深深地爱上了她。

可是克鲁斯在想追求迈克丝的事情上却遇到了难题。因为，家境不富裕，他没有钱给她买火红的玫瑰花，也没有钱请她去跳舞。最后，他想出一个独特的方法来表达他对迈克丝的爱慕之情——吹响动听的口哨。

克鲁斯擅长吹口哨，聪明的他会吹很多首曲子，为了打动迈克丝，他自己特意编了一首，坚持每天不断地练习。待练习好后，克鲁斯就来到迈克丝经常走的那个路口，等候着她的出现。每当迈克丝出现，他就跟在她身后，一边走，一边吹口哨。并且每次都吹他编的那首曲子，口哨声婉转动听，唯美的声音打动了很多过路的人，他们有时也会驻足聆听。但克鲁斯最希望迈克丝喜欢他编的这首曲子，因为他是为她而作。

迈克丝一开始并没有感觉到什么，但是渐渐这首包含爱意的动听曲子就引起了她的注意，每当克鲁斯跟在她身后吹这首曲子的时候，她都故意放慢了脚步，为的就是能够仔细聆听它。有一次，她忍不住问克鲁斯这首曲子的名字。

"这首曲子有名字吗？我从来没听过。"她眨着美丽的大眼睛望着克鲁斯问。

克鲁斯等待这个时刻已经很久了,他抑制住心里的激动,告诉她:"它叫《宝贝别流泪》,是我自己作的。"

"它很好听。"迈克丝很陶醉。

"其实,那是我为你编的曲子。"克鲁斯深情地看着迈克丝,"我很喜欢你,于是就在你必经的路上吹这首曲子,为的就是博得你的喜欢。"

迈克丝有些不好意思说道:"我很荣幸能听到这么好听的曲子,谢谢你,噢,对了,你叫什么名字?"

"克鲁斯!"克鲁斯高兴地说:"如果你喜欢听,我可以教你吹这首曲子。"

"你为什么不问我的名字?"迈克丝问道。

"我知道你叫迈克丝,很多小伙子心目中的女神。"克鲁斯笑道。

"你什么时候能教我吹这首曲子?"迈克丝问。

"随时可以。"

从那以后,克鲁斯不但给迈克丝吹这首曲子,还教迈克丝学着吹它。渐渐的,迈克丝发现自己已经喜欢上这个会吹口哨的小伙子了。而最初打动她的就是这首《宝贝别流泪》,随后两个年轻人相爱了。

然而,这种幸福的生活并没有持续多久,在野心家希特勒的策动下,二战的序幕就在欧洲首先被拉开了。在他上台之后,麾下带领的纳粹党的所作所为充分暴露出了他的扩张野心,这是有目共睹的。首先,希特勒出兵控制了奥地利,形成了三面包围捷克斯洛伐克的局势。在这样的形式下,捷克向其他大国求援,法捷两国已经结盟,苏联也答应予以支持,还不是首相的丘吉尔也积极主张英国同法国、苏联一起宣布支持捷克斯洛伐克。

可惜的是,英国当时的执政者张伯伦只想用一次会议和一纸协议换取暂时的和平,可是他却没有想过纵容希特勒的严重后果。就像丘吉尔所说的那样,希特勒不会满足于张伯伦的绥靖政策,他会加紧对欧洲的侵略。

因此,慕尼黑协定根本没有带来预期所想的和平。它不仅牺牲了捷克斯洛伐克,还加速了战争行进的步伐。这时欧洲强国们推行的绥靖政策致使德国军队不战而胜,短短几个月的工夫就连续攻陷了两个国家,这样的结果是希特勒和德国将帅们始料不及的。

对于张伯伦而言,慕尼黑会议的意义不外乎为暂时性的胜利。然而对于希特勒而言,慕尼黑会议却是一个伟大的胜利。因为慕尼黑会议,他几乎是没花什么力气就占领了捷克斯洛伐克,从而也增长了他的侵略野心。由于英、法等国家怕惹麻烦,摆出了中立的态度,殊不知他们的让步酿成了更大的麻烦。

就这样,战火愈演愈烈。1939 年 8 月,白色方案第一号作战指令发动,使战争进入到了空前血腥的境地。

英国最初是被迫作战,英国在全民上下做了动员,很多年轻的小伙子都应征入伍了,当然克鲁斯也在其中。

即将奔赴前线了,这对恋人心中有千丝万缕的舍不得,但是又无奈于这不和平的时代。出发之前的那个下午,克鲁斯和迈克丝来到他们经常去的那个小花园里。他们背靠背坐在碧绿的草地上,吹着属于他们的那首优美的曲子——《宝贝别流泪》。

他们都不能忘记这个简单的告别,那首曲子一直在他们的耳畔回荡。在那个下雨的星期天,克鲁斯即将踏上去往前线的火车,这对相爱的人难舍难分。当火车发动的时候,迈克丝追着火车跑了很远,她不停的呼喊着克鲁斯的名字,一直到火车消失在视线的尽头。

克鲁斯离开的日子,迈克丝魂不守舍,日夜思念着心上人。只要一想起克鲁斯,她就吹那首《宝贝别流泪》,随后沉浸在甜蜜的回忆中。

迈克丝想,克鲁斯在想念她的时候是不是也会吹这首曲子?应该是吧,亲爱的克鲁斯什么时候才能回来呢?迈克丝只能辛苦的等待着他的归来,或许某一天,当她走过那条小路的时候,克鲁斯就出现在她的面前,吹着那首好听的曲子。是的,就是这样的,克鲁斯会回来的,一定会的。迈克丝就这样安慰着自己,可是半年之后,她却打听到了一个坏消息:克鲁斯的队伍在一次战争中受到敌人的围攻,敌军的数量非常多,这支部队几乎全军覆没。战友们死伤无数,克鲁斯也就此失去了音信。有的人说克鲁斯牺牲了;有的人说克鲁斯被俘获了;还有的人说克鲁斯非常幸运被人救走了。

克鲁斯到底在哪里,是否还活着?从那以后,迈克丝再也打听不到克鲁斯的消息了。思念侵蚀着她的心灵,她不敢想象如果有一天克鲁斯牺牲了的消息传来,自己究竟将会做出怎样的举动。人们都不忍心看着这个姑娘这样憔悴下去,纷纷帮她打听克鲁斯的消息。

迈克丝在焦急的等待中病倒了。随后,她被送进了医院。在医院住院期间,年轻护士的斯汀蒂对她照顾有佳。斯汀蒂和迈克丝的年纪相仿,她是个活泼开朗、善解人意的女孩,当她看到迈克丝伤心的样子,便主动和她谈心,希望能开导她,使她快乐起来。

一天,斯汀蒂带来了一束鲜花送给迈克丝,她将鲜花放在迈克丝的床头,微笑着对迈克丝说:"看,这束和你一样美丽的鲜花,它们是那么的生机勃勃,你也要快点好起来。"

"谢谢你,这花真美。"憔悴的迈克丝笑了笑。

"我每天都会给你送鲜花来,希望你快乐起来。"斯汀蒂一边给迈克丝做检查,一边说道。

"谢谢……"

二战 士兵浪漫曲

渐渐的,迈克丝身体康复了。在这期间,她不仅重获健康,还意外收获了斯汀蒂的友情。在相处的过程中,迈克丝发现自己和斯汀蒂很谈得来,就像多年没有见面的老朋友一样。斯汀蒂被他们的故事感动了,她说:"真诚地希望你们早日见面,让我们一起为克鲁斯祷告吧!上帝会帮助我们的。"

迈克丝被斯汀蒂真诚的话语所打动了,她轻轻的拥抱了斯汀蒂。随后吹起了那首《宝贝别流泪》。婉转动听的曲调在病房里飘荡着。斯汀蒂从没有听过这么好听的曲子,深深的陶醉其中。末了,迈克丝说:"如果你喜欢的话我教你吹。"斯汀蒂兴奋地点头说道:"能学到这么好听的曲子我实在是太高兴了。"

久病初愈的迈克丝离开病房之后,便马上开始了寻找克鲁斯的艰辛路程。她每天都去车站吹着那首歌,相信克鲁斯终有一天会站在她的面前。她每天早出晚归,唯一支持她的信念就是:她爱克鲁斯,她一定要找到克鲁斯。

伦敦的各个车站、码头都能看到迈克丝的身影,因此很多经过这里的军人都知道这位吹着一支动人口哨曲子的年轻女子,更有一些热心的士兵帮忙寻找着。迈克丝的心情就像是这个季节的雨天一样,湿漉漉的、冰凉的一片。

尽管克鲁斯杳无音讯,但是迈克丝没有停止过对他的寻找。一天晚上,迈克丝做了一个噩梦:梦里,她打听到了克鲁斯的下落,好心人告诉她克鲁斯被救走了,在一个农户家里养伤。可是当她赶到那个农户家的时候,并没有看见日思夜想的克鲁斯。她被带到到一片树林,在那片没有阳光的树林里,她清晰的看见一个新的墓碑,上面刻的名字正是她心上人的名字。

迈克丝被惊醒,醒来后发现原来是一个梦,噬人的黑夜里,她呜咽起来。尽管这是一个梦,但是迈克丝久久不能平静,她很害怕失去克鲁斯。克

二战浪漫曲

鲁斯，如果你听见我的呼唤就请你回来，回来看看我。

雨下了一整夜……

第二天，雨还在下着，天空中乌云滚滚。一大早，迈克丝就出门了。她想再去车站寻找克鲁斯，说不定这次就能找到他了。

没有睡好的迈克丝有些疲惫，精神恍惚的向前挪着沉重的脚步。抬头的瞬间，她看见不远处一个熟悉的背影，克鲁斯！是克鲁斯！

迈克丝大声呼喊他，可是他没有回头，这是不是错觉？迈克丝带着哭腔再次喊："克鲁斯……是你吗？"那个熟悉的身影仿佛没有听到她的呼喊声，慢慢地走远。

为什么，克鲁斯不回头看看她？是因为雨声太大，克鲁斯听不见有人在叫他？泪流满面的迈克丝不顾一切的追赶过去。正在这时，一辆汽车飞速驶来，可怜的迈克丝被撞倒在地。但是她嘴里还是不停地念着克鲁斯的名字，挣扎着要去追上去看一下她的克鲁斯，泪水混着血水的迈克丝就那样的坚持着，当行人纷纷赶过来的时候，她也看清了自己苦苦追赶人的脸，他不是克鲁斯，随后便昏过去了。

被撞倒的迈克丝很快送到了医院，可是她伤的实在太严重了。斯汀蒂伤心的守在她的病床前，她没有想到迈克丝会离她而去，看着脸色苍白的迈克丝，她一下子哭出声来："迈克丝，我们是好朋友，请别离开我。"

迈克丝艰难的说："斯汀蒂，我可能没有办法再继续寻找克鲁斯了……你能帮我找到他吗？如果……如果你找到他了，告诉他，我很爱他，可能再也不能相见了……下辈子……我一定嫁给他……"

斯汀蒂含泪答应了，就这样，迈克丝带着没有找到克鲁斯的遗憾离开了。

从那以后，车站、码头又出现了一位女人同样的在吹着口哨，而这个人

二战 士兵浪漫曲

就是斯汀蒂。无论晴天还是雨天,斯汀蒂都没有停止过寻找。有一天她遇见了一位军官告诉他,他曾经听到过这首曲子,但是并不是一个部队的,所以后来就不了了之了。

刚刚燃起的希望瞬间又熄灭了,斯汀蒂有点气馁。但很快,她又恢复了寻找克鲁斯的信心,她想:迈克丝的遗愿是让我找到克鲁斯,我一定会找到的,而且,现在已经打听到了关于克鲁斯的一些消息了。于是,她继续吹起了口哨。

好景不长,法兰西战争全面爆发了,纳粹的狰狞铁蹄已经翻过了阿登山脉,绕过马其诺防线直入法国疆域。法国已经抵挡不住德军的疯狂进攻了,便向盟国求援,英国便派遣大量的士兵和医护人员前往法国支援。

斯汀蒂所在的医院也接到了上级派发的任务,上级要求她所在的医院,派出一部分医务人员奔赴法国前线。听到这个消息,斯汀蒂立刻报了名,因为她知道克鲁斯的部队一直在法国前线,她希望到了那里能遇见克鲁斯。

斯汀蒂的报名很快就得到了批准,她被派遣到战线后方一家战地医院进行收理伤员的工作。到了那家医院,她便全身心的投入到了紧张忙碌的救治工作当中去。忙碌之余斯汀蒂还不忘打听那个人的下落。她向所有新送来的伤员打听关于克鲁斯的消息,而且会吹口哨给他们听,希望他们当中有听过这首曲子的人,那样她就能知道克鲁斯在哪里了。

日子一天一天的过去了,仍然没有克鲁斯的消息,直到有一天,医院里送来一名受伤的上士。

这名上士受伤严重,被送来时就一直昏迷不醒,由于他根本无法回答问题又没有身份证明物,大家都不知道他的姓名、所在的部队等情况。

经过紧张的治疗,这名上士终于醒了。由于他的眼睛受伤程度严重,医生说他的眼睛很可能会失明。这位上士知道了自己的情况后,他的情绪十分不稳定,经常向医护人员发脾气,甚至拒绝配合治疗。很多给他换药的护士都被他赶出病房,有时即便是没有将护士赶出病房,他也会将药品托盘打翻。一提起这个坏脾气的病人,医护人员都不停的摇头和叹气。

医院里的医护人员一直不知道他叫什么,因为他不肯跟任何人交流。直到有一天,当他听见斯汀蒂在无聊时吹起的口哨,突然间愣住了,许久,他才哽咽的问道:"迈克丝?"

斯汀蒂也愣住了,瞬间她肯定眼前的这位上士就是克鲁斯。她终于找到了克鲁斯,她想告诉他迈克丝的情况,但是迈克丝已经逝世的消息会加重克鲁斯的伤势,这不利于他伤势的复原。所以,斯汀蒂决定暂时冒充这位好友,而且现在的鲁斯看不见她,只听出了口哨声,等他痊愈之后,再把事情的真实情况告诉他。

斯汀蒂走到他身边,心中对好友命运的感慨让她的声音也哽咽了起来,轻声说道:"克鲁斯,是你吗?"克鲁斯一把抱住了斯汀蒂,病房里的伤员和医护人员都被他们两个人感动了,不禁慨叹道:"他们真幸运,相爱的两个人终于又见面了。"

最后,斯汀蒂吹起了让两人相认的那首口哨曲,克鲁斯侧耳听着,慢慢地也应和着吹起来,两人的声音和在了一起。悠扬清脆的口哨声在病房内回荡,病房里的伤员和医护人员都停下来,认真地聆听起这首曲子。时间仿佛静止了一般,大家都羡慕起这对情侣来。是他们的口哨声涤荡了这个病房里的硝烟;是他们的口哨声使伤员忘记了伤痛;是他们的口哨声使人们相信在这个不和平的时代里,还有一种浪漫叫爱情。

寻找到了克鲁斯,斯汀蒂决定要代替好朋友来照顾这位已然孑身一人的爱侣。她模仿迈克丝说话的语气和音调。为了克鲁斯能早日重见光明,她日日夜夜守在克鲁斯的身旁。

爱情是伟大的，它的力量更是无法估量的。有"迈克丝"的悉心照顾，克鲁斯不再拒绝医生的治疗，而是积极地配合医生的治疗。

阳光明媚的天气里，斯汀蒂会扶克鲁斯去晒太阳，听听鸟叫，闻闻花香，十分惬意。当下雨的时候，她会陪克鲁斯在病房里一起吹口哨，互相述说着分开那段时间各自的情况。日子静静地流淌着，克鲁斯的伤势开始好转起来，医生说他的眼睛用不了多久就可以复原了。听到医生的诊断，克鲁斯非常高兴，可斯汀蒂高兴之余却有些忧伤。

在和克鲁斯朝夕相处的这段时间里，斯汀蒂发现自己不是在扮演迈克丝了。事实上，她是在扮演她自己，因为她已经喜欢上了克鲁斯。这让斯汀蒂心里很矛盾，但是她很清楚，克鲁斯所爱的人已经不在世界上了，但是他发现我不是她的时候，他能接受这样的事实吗？她不敢去想像，自己毕竟不是迈克丝，也代替不了死去的迈克丝，唯一的办法就是离开克鲁斯，离开这里。

斯汀蒂问医生克鲁斯的眼睛什么时候能摘掉绷带，医生告诉她说："克鲁斯的伤好得差不多了，很快就可以拆线了。"斯汀蒂决定在克鲁斯摘掉绷带之前就离开。她找到院长说明了所有情况，并申请离开这家医院，要求调往别的医院工作，院长答应了她。

即将离开克鲁斯了，斯汀蒂不知道要怎样跟他告别，难舍的是那份感情。她来到克鲁斯的病房，克鲁斯听到有脚步声，问道："亲爱的迈克丝，是你来了吗？"

"是我，克鲁斯。亲爱的，我有事情要跟你说。"

"什么事？"克鲁斯抬头朝她的方向问道。

"我要被调走了了，可能会调到别的医院去工作，那里缺少人手，我得去帮忙。"斯汀蒂故作镇静的说，其实她的内心却十分难过。

"哦，是这样，那等我伤愈就去找你吧！"克鲁斯不知道其中隐藏的真实情况，说道。

"不用了，等战争结束，等回到英国，我们会见面的！"斯汀蒂强忍住泪水。

克鲁斯摸索着握住她的手，良久他充满感情地对迈克丝说："迈克丝，不管克鲁斯是否能活着从战场上下来，他对你的心永远都不会改变，他会永远和你在一起！"

听到克鲁斯这些肺腑之言，斯汀蒂更加难过，她极力克制着眼泪说："你参军的那天，我们一起吹了那首《宝贝别流泪》，今天，我们再一起吹那首曲子吧！"

克鲁斯点头，随后，房间里传出那优美动人的口哨声，宛如天籁。

第二天，斯汀蒂依依不舍的离开了那家医院。随后，她就投入了紧张的救援工作当中。闲暇的时候，斯汀蒂会忍不住想起克鲁斯来，克鲁斯会等着她吗？就算等着她又怎样呢？自己毕竟不迈克丝，克鲁斯爱的是迈克丝，就算战争结束了她依然等不到克鲁斯的爱情，不是吗？丝丝烦恼涌上心头来，斯汀蒂不禁忧伤起来。

1945 年 4 月 16 日凌晨，柏林响起了枪声。一刹那，沉溺于社会之中的矛盾、喧嚣、压抑顿时无限制地爆发了，希特勒这个人类历史上的罪人终于听到了代表死亡的号角。

在柏林上空，数千架的飞机一波波升空，对这里投下了不计其数的炸弹，在地面上，平均每英里都被各种火炮攻击着，柏林转眼间成了焦骨横行的人间地狱。

当盟军刚刚进入德国境内前，希特勒还抱有反法西斯同盟内部必将分裂的幻想,妄图以拖延战争进程的方式,以期局势有所变化,进而扭转战事的被动局面。于是希特勒调集所有可调集的军队死守柏林,集中全部力量对付盟军。盟军最高统帅部却早已下定决心要同心合力彻底地将德军消灭,并尽早地结束欧洲战事。

正义终究会战胜邪恶,从盟军发起攻击到柏林德军统帅部代表凯特尔元帅在无条件投降书上签下名字,仅仅十几天。在攻克柏林的战斗中,德军大部分的有生战斗力被打残和歼灭,盟军取得了辉煌的战果。柏林战役的结束,标志着欧洲法西斯最后堡垒的灭亡,可最后的反法西斯战场上的战斗却让数百万恐慌的平民颠沛流离,众多平民和士兵经受了梦魇般的厄运。

身处欧洲的英国人民终于迎来了曙光,英国的战士们凯旋归来。斯汀蒂也从前线城市返回到了伦敦,到了伦敦之后她马上就去迈克丝的墓地。斯汀蒂带着一束鲜花来到迈克丝的墓旁,她想告诉天堂上的迈克丝,克鲁斯还活着。她想,迈克丝知道了一定会很高兴。想到这里她又叹了口气,说道:"迈克丝,我找到了克鲁斯,那个时候他的伤势很严重,我没有办法告诉她你已经去世的坏消息……"说到这里,斯汀蒂眼中闪着泪光。

"……后来,我离开了那所医院,那个时候克鲁斯恢复得很好,我打算战争结束之后再告诉克鲁斯这些事情。请你原谅我……"

"迈克丝,你能原谅我的自私吗?我好像喜欢上克鲁斯了……我能替代你和克鲁斯度过这一生吗?"斯汀蒂在迈克丝墓前喃喃的低语着,她希望迈克丝能听到她的这些话,给她祝福。

这时,她才发现,深厚站着一位少尉军衔的英伟军官。阳光下,斯汀蒂美丽的背影从墓前站了起来,驻足在墓碑前。少尉吹起了那熟悉的旋律,斯汀蒂听到那熟悉的口哨声,忽然一愣,这口哨旋律分明是《宝贝别流泪》,于是连忙转身,结果发现她根本就不认识这个人。于是就问:"先生,您认识这位迈克丝小姐吗,您是什么人?"

少尉看着斯汀蒂说:"你是斯汀蒂小姐吧!我认识的不是迈克丝小姐,是斯汀蒂小姐!我是在法国认识你的,那时我受伤了,住进了战地医院。不知道你是否记得那个眼睛受伤的上士?"

斯汀蒂惊呆了,随后便问了一连串的问题:"战地医院里的那名上士是克鲁斯啊?你认识他吗?要不然怎么会知道关于迈克丝的情况?"

少尉笑笑说道:"是的,我认识克鲁斯,我们是很好的朋友。"随后,他便叙述起往事来。

他的名叫易康迪,二战刚刚爆发的时候就参军入伍了。在作战过程中,他和战友曾被德军抓获,关在战俘营中饱受摧残。克鲁斯也在那个战俘营里,相同的人生经历让他和克鲁斯成了好朋友。

这个过程中克鲁斯讲述了他的故事并教会了易康迪吹口哨。易康迪也同样被克鲁斯和迈克丝的感情所感动,他和克鲁斯经常吹那支《宝贝别流泪》为自己振奋精神。为了活下去,为了能继续同法西斯战斗,在战俘营的战俘们策划着逃出那里,他们的逃跑计划成功了。在他们跑出战俘营后,看管战俘营的纳粹士兵在后面追击他们,并不时的拿枪射击,有的战俘中枪身亡。在逃跑的过程中,克鲁斯发现易康迪有危险,就扑了过去,用他的身体挡住了射向易康迪的子弹,克鲁斯死了。

身负重伤的易康迪逃出战俘营就昏倒过去,幸运的是,前线的英国援军发现了他,并把他送到了斯汀蒂所在的战地医院。

当绝望的易康迪以为自己就要失明的时候,听见那熟悉的口哨声,正是那首曲子!当时的易康迪眼睛缠着绷带,什么也看不见,他以为能吹这首曲子的人一定就是迈克丝。

易康迪不忍心告诉"迈克丝"克鲁斯去世的真相，而且"迈克丝"也并没有发觉他并不是自己寻找的人，于是，他便假扮起克鲁斯来。幸好当时绷着绷带，"迈克丝"没有认出来。当时的易康迪本打算眼睛复原后，再将真实的情况告诉她。可是，没等易康迪说出事实的真相，斯汀蒂就离开了。不久后易康迪眼睛终于复明了，为了了却心中的不安，他决定去寻找"迈克丝"，将所有的事情都告诉她。他找到院长打听"迈克丝"去向时，院长说出了斯汀蒂离开的真相。

　　原来，悉心照顾自己的姑娘并不是迈克丝，而是另有其人，虽然没有见到斯汀蒂的模样，但是易康迪能肯定她是个善良美丽的姑娘。而且在相处的那段日子里，易康迪被斯汀蒂的善良打动了，他也渐渐地喜欢上了这个姑娘。并且发誓，战争结束就会去找她，向她告白。

　　当易康迪述说着自己的情愫的时候，身旁的斯汀蒂已经流下了激动的泪水。原来，她爱上的不是克鲁斯而是易康迪。峰回路转，拨开心中的迷雾，两颗真挚善良的心紧紧地贴在了一起。

　　不久后，他们一起步入了婚礼的殿堂。在那天，他们在墓碑前把这个好消息告诉了天堂上的迈克丝。随后他们吹起了《宝贝别流泪》，他们相信，此时的迈克丝也找到了她的克鲁斯，过着幸福的生活。

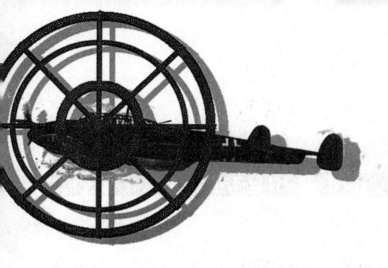

遗世手镯,引起千般哀思

二战浪漫曲

　　在比利时南部的小镇巴斯托尼，商铺林立，走在街上随处可见餐馆、咖啡厅等场所。但是细心地人就会发现，在这个小镇，不管是商铺还是住宅的窗户上，比利时和美国的国旗竟同时悬挂着，这是很不平常的一件事。小镇的南边是整个城镇的最高点，Mardasson 纪念馆就矗立在这里。这个纪念馆是五角星状的，柱墙上不仅雕刻着美国的各个州的名称，还雕刻着当年为守住这座城市作出贡献的美军参战部队的名称和徽记。美军 101 空降师是著名的作战单位，第二次世界大战战场上的很多地方都有他们空降兵的身影，这里也不例外，代表 101 空降师的"呼啸的鹰"也被刻在柱墙上。在进入纪念馆门前的地面上，清晰的写着：比利时人民永远铭记美国解放者。

　　1944 年 12 月中旬，进入了阿登山脉的冬季，大雪纷纷扬扬的下了好几天，整个大地都被皑皑白雪包裹得严严实实，气温也一度降的很低。德国的战况如同这个寒冷的冬天一样，糟糕到了极点。可是一向孤傲的希特勒是不会甘心就这样输掉的，他要制造一场绝地反击战，让自己起死回生，我们的故事就从这一时期开始了。

　　马库斯·L·科默是美国陆军 101 空中突击师中的一名士兵，他一直以他臂章上那只鹰头而为之自豪。马库斯清楚地记得那天，1942 年 8 月 16 日，他从第 82 摩托化步兵师中被挑选出来加入了这个象征着"胜利和强悍"的队伍中，被选中的那一天他激动极了。他的妻子吉尼·摩尔为此还送给了他一只银手镯，这是吉尼的妈妈送给她的，说是他们家族留传下来的，不见得贵重，却意义非凡。

从加入 101 空降师的那天开始，马库斯就始终戴着妻子给他的银手镯。战友们有时会忍不住笑他，一个大男人戴着个女人的东西走东走西，一点也不符合这支部队的风格。可是马库斯知道，这只是同伴们闲来无事拿他来取乐的，其实没有一个人是在真正地嘲笑他，因为他们中的每个人都深深地懂得那种对亲人的思念之情。

刚刚组建的第 101 空降师还是个武器装备和战略战术都不是十分成熟的部队，威廉·C·李准将军的加入，让它一下变得强大起来。1942 年 10 月，马库斯和他的战友们一起跟随威廉将军开始在美国布雷格堡进行严格的训练。初秋的 9 月，马库斯又随着空降师来到了英国，他们在伯克郡和维尔特郡进行了加强训练。他们要一边训练，一边准备接受上级随时安排下来的作战任务。

到 1944 年初，代号为"霸王行动"的诺曼底大抢滩已经逐渐准备成熟，这次的行动由新任命的盟国远征军总司令艾森豪威尔策划具体行动。这是空降师第一次参加作战，他们的任务是：利用自己娴熟的跳伞技术进入德军的占领区，但是这次攻击一定要在登陆部队登陆前完成，并夺取从滩头向内陆进攻的地点，不让德军得到增援的机会。

在盟军诺曼底登陆的日子里，第 101 空降师一直在前线进行战斗，从未离开过战场，他们出色完成了上级交付的作战任务。结束战斗后，这支初出茅庐却屡立战功的师团一些下属部队获得了嘉奖令。

获得嘉奖的马库斯回到了久违的家中，把这个好消息带给了在家等候他归来的妻子。这位普通的家庭主妇感动得热泪盈眶。她一直不停地亲吻着丈夫手腕上的银手镯，她觉得是这个祖辈留下的东西在替她保佑着她的丈夫，使他能够平安归来。

在这样一个战火纷纭的年代里，夫妻间总是聚少离多，马库斯不得不奉命返回部队。离别的时候，两人依然依依不舍，但这次吉米的担心小了很多，因为她相信那只银手镯会保佑丈夫平安归来。在 12 月中旬的一天夜里，德军的部队在这样的天气里做着垂死挣扎，尽管天气恶劣，但他们还是义无反顾地悄悄进入了准备进攻的阵地，而美军却只有少数的人防守着阿登战线。

到第二天的清晨，第一缕曙光升起的时候，德军炮火突然发起高密度的进攻，美军几乎所有的阵地都遭到了猛烈轰击，惊醒的美军官兵纷纷爬进掩体。电话线被炸断了，与外界的联系也一并中断。德军的炮击进行了很长时间，在这段时间里，美军只能呆在掩体里，数着德军发射的炮弹数。炮声停了，美军刚从掩体里探出头，就发现对面德军的探照灯"唰"的对着他们照了过来，一片白茫茫，还没反应过来，德军的坦克已经开了过来，反应快的美军士兵逃脱了被坦克碾成碎末的命运，但仍然有不少猝不及防的士兵被坦克碾毙。

德军的突然进攻让美军措手不及，没有任何准备的美军还不知道是怎么回事，就被德军打到了门口。此时的阿登战场已经混乱不堪了，一片混乱中，国与国的区别是从军服的不同上区分的，兵与官的区分靠的则是领章。此刻的美军感到无比的迷茫，没有人知道发生了什么事情，而此刻的德军正在不顾一切地进攻，希望以此迫使美军投降。英勇善战的巴顿将军真不愧是美军的支柱，面对美军失利的窘境，他依旧在积极地准备着反攻。

巴顿之所以将这里作为重点，因为这里的地理位置非常重要，它不仅是重要的交通枢纽，也是阿登南部数条公路的汇合点。如果盟军将这条德军重要的补给线破坏掉，那德军势必会往这里派出大量的人员夺回。盟军针对这一点，派出最英勇善战的部队守在这里，只有这里的战斗牵制住大量的德军，正面进攻的压力才会减轻些。

二战浪漫曲

美军第 101 空降师在如此紧要的关头再次派上了用场。此时马库斯的腿伤还未痊愈,行动起来也比较吃力。新任长官麦考利夫命令他,要他留下来好好休息,可是这位优秀的空降师士兵仍旧一意孤行地选择了作战。

成百上千的运输机将他们空运到了巴斯托尼,士兵们纷纷进行低空跳伞,当马库斯跳下飞机的时候,由于震动的关系,他的左腿传来了阵阵的刺痛,可是他依旧固执地坚持着。当麦考利夫带领他的部队刚到巴斯托尼时,根本没有多少时间来建立防线,但为了能争取到更多的时间,麦考利夫派兵发动了一次佯攻,德军果然上当了,待德军反应过来时,巴斯托尼的城市防线已经建好了。

德军誓死也要拿下巴斯托尼的欲望,盟军誓死守卫巴斯托尼的欲望交织在一起,让这片战场的战斗变得更加的残酷、激烈。此时的希特勒几乎已经处于疯狂状态了,他拼上手上最有力的部队用于攻取这片地区。这种孤注一掷式的行为并不是没有效果的,德军将巴斯托尼包围了,城内的守军和城外的盟军完全没有了联系。德军抓住机会,开始向巴斯托尼猛烈进攻。多个方向一起进攻让城内守军有些忙乱,有的德军借着机会已经突入到了城区。

为了让被德军围困的官兵坚持下去,所以选用了飞机给里面受困的官兵补给,为了给飞机导航,第 101 空降师的侦察兵建立了雷达站,这个雷达站离巴斯托尼很近,可以说是侦察兵冒着被德军发现的危险建立的。守卫巴斯托尼的官兵用能想到的一切方法,阻挡着德军的进攻,他们强有力的阻击让德军的进攻一次又一次失败。当然,如果德军进入到了防线内,枪炮已经不能提供帮助的时候,他们会给枪装上刺刀,然后冲入德军中,开始白刃战。

德军遭遇到打击之后变得更加疯狂,对巴斯托尼的攻击也就更加的激烈。指挥这支德军的是弗里兹·拜尔林将军。他是一位骁勇善战的猛将,德军进攻巴斯托尼时,他有着同大多数纳粹军官一样的态度,狂妄与自大。他

二战 士兵浪漫曲

十分轻视这个小镇，在他眼里，这个小镇根本就是德军的囊中之物，为了显示自己不流一滴血就能攻克这个小镇，他派出了谈判代表，让代表去说服守军，表示如果对方投降"就可以不用死得支离破碎"。可是令他们万万没有想到的是，面对高傲的敌人，美军司令麦考利夫只赏赐给了他们两个字："白痴！"之后，便命令卫兵把这个没有听懂他的话的德国人赶了出去，这个德国代表灰溜溜的回去了。

麦考利夫的态度很快传遍全镇，传到了马库斯和他的同伴耳朵里，他们都对这位临危不惧的将军表示了由衷的敬意，这也极大地增强了他们作战的勇气和信心。此时马库斯的腿伤因未完全愈合，再加上连日来的作战致使伤口裂开并开始溃烂发炎，即使这样马库斯仍旧坚持作战。

在这支英勇的守城队伍中，带伤坚持战斗的士兵不只马库斯一人，还有很多。他们或头裹着纱布，或手缠着绷带，就这样依然将德军的进攻势头一波一波地压下去。德军恼羞成怒了，派出他们的轰炸机。

一枚枚的炮弹从高空落下，在地上开了花，整个守军部队陷入一阵慌乱之中，缺乏高射武器的他们对这样的攻击往往是束手无策的。没有受伤的士兵开始向后撤退，寻找掩体，而像马库斯一样受伤的士兵则只能呆在原地，任由炮弹在自己的前后左右炸响。一时间，炮弹的爆炸声，士兵的咒骂声此起彼伏。当一颗炮弹在马库斯的右前方炸开后，马库斯暂时失去了听觉，他的双耳像被塞进了成千上万只马蜂一样嗡嗡地直响，他开始茫然地望着四周。

自从来到了战场他就再也听不到吉尼软香细语的声音了，如今他连同伴的呼唤声也听不到了，现在耳边只有一种声音最为清晰，那就是死神的脚步声——哐哐哐……这声音越来越近了。马库斯第一次感到如此地恐惧，他想要逃离，可是腿伤的剧痛让他动弹不得。他四周张望着，谁能帮他一把，谁能来救救他。又一颗炸弹落下时，马库斯的身影从世界上消失了。

二战浪漫曲

巴斯托尼的守军已经弹尽粮绝了，如果再没有给养，他们将很难再继续坚持下去。但幸运的是，第二天天气放晴，抓住这一难得的机会，盟军机队出动对德军阵地进行了轰炸，并为守军空投了补给，正是由于巴斯托尼守军有像马库斯这样英勇无畏的战士坚持不懈地守卫着己方阵地，这个小镇才在敌人的狂轰乱炸当中终于支持到了巴顿将军率领坦克部队赶到，危机才至此才终于过去。

此时的希特勒显然是面子里子都挂不住了，他原本希望能快速解决这场战斗拿下安特卫普，可是最终的结果是不仅离安特卫普港很远，连巴斯托尼都没拿下，盟军牢牢地把握着巴斯托尼。对希特勒来说，他怎么能咽下这口气？虽然众多的将军参谋都在极力劝阻希特勒应该及时收手，以保存实力，可是自大的希特勒仍旧选择一意孤行。

1945 年 1 月初，这场战斗可以说是在阿登战役过程里发生的最为激烈的一次反攻。但是希特勒在这里丝毫没有占到便宜，巴斯托尼的守军让德军的反攻没有起到任何作用，而巴顿的第 3 集团军也顺利地增援了巴斯托尼的守军。1945 年 1 月中旬，恰好是希特勒组织发动阿登战役一个月，德军不仅没有取得想要的战斗结果，反而损兵折将地回到了他们的出发地。

希特勒用 12 万德国士兵的生命换来的却是寸土未进，虽然他们的行动打乱了盟军进攻的时间表，但对于德军来说这是得不偿失的。与此相对的是，在这次战役当中盟军涌现出了很多英勇的事迹。而第 101 空降师在整场防御作战中更是功不可没，他们用满腔的热血和生命，向世人证明了这种只属于 101 空降师的大无畏的奉献精神和坚强不屈的战斗气节。

虽然这次战役中，盟军取得了胜利，可是不得不说的是，阿登战役是一场血战，无论是第 3 集团军还 101 空降师，损失都十分惨重。

阿登战役盟军胜利的消息很快传遍了欧洲的每个角落，美军第 101 空降师的士兵全部都站在大卡车的车厢上,佩戴着象征着荣誉的勋章。他们各个面带着笑容,接受着来自全国人民的敬仰和膜拜。吉尼在人流中穿越着,她一辆卡车一辆卡车地搜寻着丈夫马库斯的身影,直到最后一辆卡车驶过她也没见到丈夫的身影。于是,她又从车队的尾部重新找了一遍,还是没有找到马库斯。"可能已经回家了吧!"吉尼喃喃地说,她不敢往坏的地方想,只能猜测着各种好的可能性来稳定心神。吉尼马上跑回家。

她推开家门,大声喊着:"马库斯,亲爱的,你回来了吗?"没有人答应。吉尼开始挨个房间地找,"亲爱的,出来呀,不要跟我玩捉迷藏好吗?这一点儿也不好玩儿。"吉尼还是不死心地喊着。她找遍了屋内的每个角落仍然不见丈夫的踪影,她确定马库斯没有回来,他一定是出了什么事,否则他不会这样的,因为他知道她会担心他。

"我应该到街上去问问,或许现在还有些参战回来的士兵还在街上,我应该问问他们有没有看到马库斯。"想到这里,吉尼立刻出门跑到了街上。可是人流已经散去了,街上空荡荡的,什么也没有了,只有破旧的报纸和被人们踩烂的鲜花躺在那里。吉尼独自在街上奔跑着,脆弱的她显得那么无助,谁能来帮帮她,告诉她马库斯去了哪里? 为什么还不回来?

3天了,吉尼已经找了马库斯3天了。这3天里,她每天都跑到街上,看到身穿军装的人就会上前询问,"请问您看到马库斯·L·科莫了吗?"每个人的回答都是一样的,没人知道她口中的马库斯·L·科莫是谁,更没有人见过他。3天的时间,吉尼一无所获。这天,吉尼正准备出门,在没有找到马库斯之前她是不会放弃的,这时门铃响了。吉尼飞奔似的来到门口,她多么希望站在门外的就是她的丈夫,打开房门的时候就会看到他露出满口洁白的牙齿对着她笑,可是最后吉尼还是失望了,门口站着的不是她的丈夫,但也是个一身军装打扮的军人。来人很有礼貌地深鞠一躬,说道:"请问,您是科莫

二战浪漫曲

太太吗?"吉尼木讷地点了点头:"是的,请问您有什么事吗?"来人从手提袋里缓缓地拿出一封牛皮纸包裹的信递到吉尼面前:"请您节哀,您的先生是位真正的英雄!"听到这句话,吉尼伸到半空的手停下了,她蓦地瘫倒在地上,半天说不出话来。

吉尼就这样在地上坐了很久,连送信人什么时候走的她也不知道。正午的太阳十分充足,刺眼的光芒透过敞开的门照在了吉尼麻木的脸上,她才有了一丝知觉。她反复想着送信人对她说的话,"您的先生是位真正的英雄! 真正的英雄!"她宁愿他不是英雄,那样的话至少他还活着。可是现在被冠上"英雄"称号的他已经不在了,永远不在了。马库斯是在保卫巴斯托尼战役中牺牲的成千上万名士兵中的一个,他们用自己的生命捍卫了这个边陲小镇,这个小镇也将永远铭记他们。

2005年的1月,依旧是这个比利时南部的小镇,在这里正在举办一场为纪念反法西斯战争胜利的盛大庆典,庆典吸引了全世界热爱和平的人们。在比利时政府的配合和协调下,这里上演了一场复原巴斯托尼战役的巨秀,四面八方的人们都涌向这里,他们一方面缅怀逝者,另一方面要感受战争。这一年,吉尼已经79岁了。丈夫战死后,她在不久之后认识了现在的丈夫,两人结了婚,婚后一直很幸福。有一天,吉尼和丈夫正在洛杉矶的家中享受午餐,一家人围坐在一起又说又笑。今天是周末,平时不生活在一起的几个儿女都来了,他们正在谈论着最近发生的一些有趣的事,说到高兴之处不免哈哈大笑起来。这时,电话突然响了起来,吉尼边用餐布擦着嘴巴,边拿起电话,"您好! 这里是克莱夫德家。"

电话那头传来了一名男子的声音,"您好! 我想找一位叫吉尼·摩尔的太太,请问她在吗?""我就是,请问您有什么事?"吉尼连忙说。

"啊! 您好,摩尔太太,我们是比利时警察局。我们在执行公务的时候,

二战士兵浪漫曲

在郊外森林中的一个狐狸洞里发现了一只银手镯。手镯上刻着您的名字，我们是根据这个才找到您的。请问这只银手镯属于您吗？"

听到这些，吉尼握着电话筒的手开始不停地颤抖。在一旁注意着母亲表情的小女儿忙走过来，担心地问："您怎么了，妈妈？"吉尼正了正身子，对女儿摇了摇头，示意她不用担心。

这个电话将深埋在吉尼心里 60 年的往事全都勾了起来，她以为她已经忘了她的丈夫，她以为她送给他的镯子同他一起不见了，可如今这只银手镯找到了。吉尼整理了一下情绪，再次举起话筒说道："是的，那是我送给我丈夫的银手镯。"

对方在电话里得到了确认，可是不知为何那边的警察开始犹豫起来："是这样的，摩尔太太，我们知道这只银手镯对您来说意义非常。如果您同意的话，我们想把这个手镯留在即将建立的二战纪念馆，如果您同意的话，那样我们将非常感谢您。如果您不同意，我们会把它送还给您。"

那只银手镯是她死去丈夫的一部分，现在可以说是全部，她更愿意把它握在自己的手里，就像是握着丈夫那宽厚的手掌一样。可是她已经 79 岁了，到了这把年纪，或许在不久的将来就可以跟天上的丈夫见面了，那么她还要这个手镯做什么呢？或许留给他们能发挥更大的效用。

想到这里，吉尼对着电话那头正在等待答复的警察说："我愿意将这只银手镯连同我丈夫的故事留在你们的纪念馆里。"

如今坐落在巴斯托尼的二战纪念馆已经对游人正式开放了，里面所陈列的物品均来自那段血染的历史。在众多的陈列品中，或许这只略显斑驳的银手镯不会引起人们太多的关注，可是下面标注的文字却怎么也无法让你不去注意它背后所隐藏的动人故事。

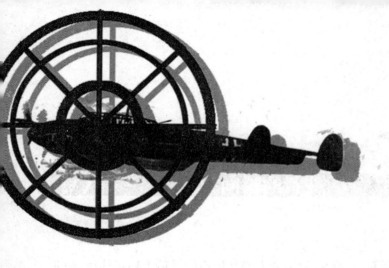

往昔的瞬间

二战浪漫曲

温暖的阳光底下，一位 80 岁的老人坐在屋中的摇椅上回忆往事，他叫伯特。他是一名二战的退役军人，二战爆发不久，他就参加了美国海军陆战队，曾经出国执行过任务。作为一名军人，他为国家做出了很多贡献，并获得了很多荣誉。

回忆往事，战场上惊心动魄的厮杀和身处异国的牵挂皆如电影般在眼前播放。慨叹往事之余，他不禁想起曾经在他心湖划起波澜的姑娘，那是他年轻时的一次美丽邂逅。然而，尽管她并不是自己已经去世的妻子，但是每当想起她，伯特的心底还是会泛起圈圈涟漪来。

时光前推到 1941 年，日本对珍珠港发动了一次突然袭击。正是日本的这一疯狂举动使一直保持中立的美国加入了二战的行列。

这一天的清晨，珍珠港沉寂在一片宁静中，珍珠港内有 90 多艘美国军舰在静静地"沉睡"着，空中也没有一架美军的飞机值岗，美国海军完全没有觉察到即将来临的危险。

当日本法西斯将他们邪恶的魔手伸向珍珠港的时候，全无防范的军港内一片静谧，一座座兵营井然有序地排列在港内。美国人的疏忽大意可能是日军联合舰队偷袭得手的重要原因，事实上在日军战机攻入海港之前，他们是有机会预知这一行动的。华盛顿方面曾经解读出日本政府送交美国政府的被称为"最后通牒"的第 14 部分，虽然在这段内容当中并没有明确地指出要偷袭珍珠港，但却表示了美日谈判的破裂，其中写道："鉴于美国政府所持有的态度,谈判已经失去意义,因为可以清晰地预见到谈判不能带来成果。对此本政府深表遗憾。"不仅有这些,还有关于此书呈递的时间:美华盛顿时间 13 时。

这一次情报的获得,应该引起美方注意的。然而,海军的作战部长斯塔克收阅到这一电文后,正是夏威夷的清晨,他拿起电话机,准备同金梅尔上将联系一下,将此情通报于他,让他提高警惕。可最终他却因为害怕打扰金梅尔上将的休息而放下了电话,所以没有及时将这一情报通知给金梅尔上将。如果金梅尔将军能够尽早得到这一情报,那么他一定会命令珍珠港内的所有官兵们提高警惕,也就不会使珍珠港遭受如此大的打击了。

当天早上,日军的"99 式"轰炸机分成两支机队,首先飞抵珍珠港美军机场上空并开始了攻击行动。一瞬间,响起了阵阵巨大而猛烈的爆炸声,希开姆机场、福特岛机场和惠勒机场浓烟四起、大火熊熊。

在机场中排列着的美国飞机被炸得粉碎,剩下那些几位少数的起飞的美国飞机,却也没有逃过日军护航战机的炮弹。仅仅几分钟的时间,机场就变得如同末日般支离破碎。

见到机场上冒起的浓烟,日军鱼雷机分队马上在队长的带领下径向奔西面山谷而去。然后又兵分两路,在短短的几分钟时间内,便将珍珠港内的美机炸得七零八落,战机的碎片被爆炸的力量掀上半空,之后便坠落在太平洋的海水中,溅起大片的浪花,序列排放的战舰自然也难逃一劫,庞大的身躯无法抵挡鱼类和炸弹的袭击,纷纷起火爆炸,逐渐沉没。

一时间硝烟四起,滚滚浓烟遮蔽了蔚蓝的天空,安静的瓦胡岛变成了一片火海。此时,一些在美梦中被惊醒的毫无准备的美军官兵们,还天真的认为这只是金梅尔将军实施的演习而已,并在心中暗自佩服金梅尔将军的深谋远虑。然而没过几分钟,刺耳的空袭警报便响了起来,当地司令部在广播中宣布:珍珠港遭到空袭,不是演习! 这些完全没有任何警觉的的官兵们才真正的从梦中醒过来。

当金梅尔听到这个惊人的消息之后,立刻通知太平洋舰队。与此同时,美军的一些战舰也发起了零星的反击,一些美舰上的高炮已对日攻击舰队及攻击机开火了。但是,相对于成群结队的日本飞机来说,开火的高炮少之又少,停泊在珍珠港内的巨舰相继中弹燃烧。同时,美舰队中的其他几只战舰也受到了不同程度的重创,整个珍珠港停泊的海上力量已经失去了大半反抗的能力。而在这第一波的攻击中,美军损失严重,反观日军损失则要少得多,仅仅9架战机遭到破坏。

时间一分一秒的过去了,很快日方又发动了第二次攻击,也就是计划中的第二攻击波。54架轰炸机隆隆作响,这些水平轰炸机负责机场的轰炸,位于珍珠港周边的三大机场无一幸免全部成为了轰炸目标。在对珍珠港进行了第二次狂轰滥炸之后,日军才心满意足的撤退。

在这次袭击当中,美军各式舰艇损失惨重,战列舰几乎全军覆没,被炸毁的飞机更是数不胜数。相比之下日军方面的损失却只有二十多架飞机和几艘袖珍潜艇。除了这些,人员伤亡也是非常惨重的。日本海军大将山本五十六策划的突袭获得了空前的成功,美国在相当长的一段时间里在海上将无法作为。这场海战,为日本对东南亚诸国的侵略争取了较多的时间。

珍珠港遇袭的那天正是星期天,罗斯福翻看着自己喜爱的集邮册,内心产生了少有的放松。中午,罗斯福正和霍普金斯在白宫共进午餐,并一同闲谈着,呈现出一派和谐安详的景象。下午1时,急促的电话铃打断了暖人的气氛,秘书在门口表示了歉意,转达了电话那端海军部长的坚定通话决心。

听了电话员的报告,罗斯福的心一沉,内心突然生出一丝不安,凭着一

二战浪漫曲

个总统敏锐的直觉，他感到肯定有大事发生了，他立刻指示电话员将电话接进来。时任海军部长的诺克斯在电话中急促地说："总统先生，日本人偷袭了珍珠港！"实际上，直到这一刻诺克斯还有些恍惚，认为对于总统，他说的这些话不过是自己的梦呓。

这个消息是诺克斯手下的电讯部门截获的一份电文，电文的内容令人难以置信。面对白纸黑字，诺克斯不得不相信自己的眼睛，他反复看着这份特急通知："珍珠港遭到空袭，不是军事演习。"

不久后的一个电话证实了这个消息的可靠性。电话是哈罗海军参谋长打来的，而且还说珍珠港损失惨重，前述报告是真实的，珍珠港刚开始遭到日本轰炸机第一批炸弹袭击时，美国的众多海军官兵的确惊慌失措了：正在穿衣服的士兵夺门而出，睡懒觉的士兵顾不上衣服鞋子也纷纷向门口涌来。夏威夷航空兵参谋长赶紧奔到办公室，打电话向菲利普斯上校报告。

刚接到电话的菲利普斯还以为这位参谋长在跟他开玩笑，便心不在焉地打着哈哈。莫利森便马上举起了话筒，菲利普斯听到话筒中传来的巨大爆炸声被吓懵了，因为连同他在内，没有人不明白珍珠港对于美国的重要性。数小时内，珍珠港遇袭的消息传遍了华盛顿。消息一经传开，华盛顿一片哗然。

偷袭珍珠港就意味着攻击美国的要害，美国不可能坐以待毙，罗斯福的表情宁静而沉着，既紧张又镇静。他曾一度以为日本人对美国的战争不会发动这么早，甚至不会发生。他以为日本会首先向泰国、印度等地方推进。这次珍珠港的灾难势必将美国人民团结了起来，向日本宣战已成为必然。

得到消息后，罗斯福第一时间通知了国务卿赫尔。罗斯福交代赫尔接见两位日本使节——野村大使和来栖特使。但是不能透露已经得知珍珠港事件的事实，将他们打发走就行了。

珍珠港和华盛顿之间存在时差，这时的华盛顿已经是下午 2 点钟，由于日本法西斯的命令是在下午 1 点将通牒交到美方手中，迟到了 1 个多小时的野村尴尬不已地将通牒递给赫尔。已经从罗斯福口中得知通牒内容的赫尔，快速浏览了一下文件后，然后把手一抬，并用眼神示意两人出去。

日本使节离开之后，赫尔一脸凝重地将目光重新凝聚在桌上的通牒上。按照野村的说法，日本政府要求他们两个使节在 1 个小时前将通牒交到美国政府人员手上，也就是说在这场袭击发生前，赫尔就应该接到这份通牒。

赫尔已经明确了日本的目的，日本政府派野村和来栖前来谈判只是为了麻痹美国、让美国放松警惕而已，丝毫没有表现出谈判早已破裂的任何迹象。以谈判为幌子的日本早已经做好了发动战争的准备，这样才有了珍珠港偷袭的成功。

但是现在，已经没有时间痛骂或者向日本来使质问了，罗斯福面临的是来自全国的呼喊声。当天晚上，罗斯福和内阁所有成员在白宫召开会议。会上凝重的气氛让每一个人都心情沉重，从美国内战爆发时举行过一次严肃的会议后，这次是所有内阁会议中最为严肃庄重的。

由于与会人员中还包括许多国会的领袖，因此罗斯福如实上报了珍珠港的损失，并坦率地将被袭时夏威夷的情况叙述了一遍。恰好当时 3 艘航空母舰不在珍珠港，因此逃过了这场浩劫。而幸存下来的列舰，大多数战列舰都成了一堆废铁，另外，死亡、受伤和失踪人数达到了 5000 人左右。

惨痛的代价让包括罗斯福在内的每一个人都感受到压在头上的奇耻大辱，此时，在白宫外也已经聚集了大批民众，他们在等候消息。表面上镇定自若风平浪静的罗斯福内心却奔涌着熊熊燃烧的烈火，他看到了全国人的觉醒,他决心把这件事情诉诸议会,将全国人民团结起来与世界法西斯作殊死斗争。

漫长的冬天降临了,壁炉中燃烧的火苗点燃了罗斯福的信念。12月8日,国会,站在演讲位置上的罗斯福上身只穿了一件衬衫,面对满腔热血的人群,他脸色严峻肃穆。罗斯福的演说名为"一个沉痛的日子",他的眼睛环视大厅,用平实而舒缓的语调陈述了日军的所作所为。

"昨天,我们需要永远铭记,一个耻辱之日,1941年12月7日,在这一天,美国受到了来自日本的蓄意进攻。"罗斯福环顾四周,继续说:"我已下令,采取一切可能的办法防止类似事件的发生。可是,我们不要忘记这样一个事实:珍珠港与日本相隔万里,这样的一次进攻必须要做精心的计划与准备,需要几个星期甚至几个月,而在此期间,他们披着虚伪的面纱挂着和平的幌子来作践我们的公平与善良。这是不能容忍的。"

罗斯福还特别强调:"不论耗费多长时间,我们所代表的正义力量必将赢取最后的胜利。我敢断言,我们即将要做的,不仅仅是保卫我们,还是为了以后美国不会再次面对这种背叛和伤害。我相信,这也是国会和美国民众的声音。敌对行动已经存在,毫不夸张地说,我们的人民、领土、大家的利益都置于险地。我们一定会夺取伟大的胜利,上帝会保佑我们!"

罗斯福的话语刚一落音,台下响起了一片热烈的掌声。他抬起头,微笑而又坚定地向大家挥手致意。下面的欢呼再次升腾起来,仿佛要揭开国会大厅的穹顶。人们激动地站起来,鼓掌,欢呼,像是要发泄心中的郁闷,像是要为出征的勇士提前地壮行,像是在坚定自己的意志,像是感动于自己见证了历史的一刻。演说虽短,较之于一战威尔逊总统的对德宣战演说,更具分量,更具影响。

珍珠港的烟雾渐渐散去,留下千疮百孔的痕迹,可是珍珠港并没有消

二战 士兵浪漫曲

83

失,美国人也没有因战斗的失败而感到气馁,他们想的更多的是怎样让日本血债血偿。下午,两院投票同意了罗斯福的议案——美国正式对日宣战。

美国宣战之后,全国上下开始了大规模的动员,很多年轻的小伙子都应征入伍,伯特也报名参加了海军陆战队,随后被派往国外执行任务。

伯特在出国前和朋友们在一间酒吧里喝酒。昏暗的酒吧里,一位年轻漂亮的金发美女走了进来。伯特和伙伴们都注意到了这位姑娘。

当时的美国酒吧有这样一个规定,女士想要在酒吧里喝酒,必须有男士陪伴才能允许。也就是说没有男伴的女士是不能单独在酒吧里喝酒的。当金发美女走进酒吧的时候,侍者对她说:"如果你是独自一个人来的,那你只能去餐厅了。"

正当这个姑娘犹豫的时候,身边有三四个人一起叫了起来:"她是和我一起来的!"叫喊的人正是伯特的这些伙伴。

"真的吗?"侍者问道,"你们不会都弄错了吧!"不过,他见姑娘的笑容等于默认了这一点,就没有再阻拦这位姑娘留在酒吧。随后,她就和这几个小伙子留在酒吧里喝酒。

当时的酒吧里正在播放一首名叫《Once in a while》的曲子,曲子优美动听。伯特在一旁静静地看着这位看起来奇特的女子。她一头金色的头发和白皙的脸庞,清澈的眼睛,橘红色的连衣裙长过膝盖,看起来像个坠入凡间的精灵。伯特的伙伴都对这位姑娘大献殷勤,只有伯特在一边默默地喝着啤酒。

过了一会儿,姑娘在伯特旁边坐下,她说:"一会我要搭乘3点的火车,在这只是消磨时间而已。"对于姑娘的招呼,伯特活泼地用一个理解的眼神表示。他愿意和伙伴们陪她到3点。

酒吧闪烁的灯光下,他们在一起喝酒、用餐、跳舞。在谈话中,伯特得知姑娘的原名叫邦妮,是 21 岁,她身上的快乐元素感染了伯特,很快,他们之间擦出了爱情的火花。两个小时的聊天中,他们就已经给彼此留下了很深的好感。

要不是酒吧熄了大灯,两个人可能都不会发现,就要到凌晨 3 点了。火车就要开了,伯特很舍不得和她分手,邦妮也有这样的感觉,一种默契让他们留了下来。两天的时间里,他们觉得几乎已经不能割舍彼此了,此时这两个年轻人早已把战争抛到了脑后,他们向往着和平幸福的生活,并陶醉在这次浓情蜜意的邂逅之中。

读到这里,很多人就会顺势想到两个人会走到一起,或许是在战争结束之后结婚。

但是却有一桩婚事横在他们之间——伯特已经订婚了。他在参军之前与家乡的姑娘贝西订了婚。贝西是伯特父亲老朋友的女儿,多次接触之后,大家都觉得这两个年轻人很般配。伯特的父亲和贝西的父亲便为他们订了婚,并打算战争结束之后为他们举行婚礼。

伯特对这份感情很是认真,当然邦妮也如此,所以他坦言了自己的婚约。但是邦妮却不在乎,她在上车之前对伯特说:"不管你是不是有婚约,我都一样喜欢你,希望你也一样。"事实上,伯特也难以忘却他们之间这份短暂却又甜蜜的感情,他甚至觉得这种感情将是永久的。这份感情已经超脱了他的婚约,超越了他父母的媒妁之言。

两个年轻人交换了自己的照片作为信物。邦妮的相片上是她和亲爱的弟弟在一起的合影,波特的是自己的近照和家中养的小狗。分开之前,他们相互留下了誓愿,无论在何时何地,都要记住对方,并写信联系。

几天之后,伯特便出国了。依照彼此的承诺,两人一直通信,并加以珍藏。二战结束后,伯特回国,准备退役。为了庆祝退役,他和伙伴们又来到了这间酒吧里欢聚。当酒吧的音箱里再次流淌《Once in a while》这首曲子的时候,伯特回忆起遇见邦妮的那个美好的晚上。

可是时光不再,邦妮并不在身边陪他听这首曲子,也不能陪他喝酒跳舞了。此时,他唯有在这里思念他乡的邦妮。

伯特在回到家乡的第二个月便与未婚妻贝西举办了婚礼。在这期间,他一直和邦妮通信述说着彼此的思念之情。

在婚后不久,贝西就发现了这件事情,但是事情已经发生了,伯特没有想到会伤害贝西,因为她毕竟是自己的妻子。他必须将事实告诉她,这样才能得到她的谅解。

"我没有想过你会喜欢别人,这让我很伤心。"贝西很难接受自己的丈夫爱着别人,并且在结婚之后依然和对方保持联系。

"对不起,贝西,请你原谅我吧!"

"你有那个女人的照片吗?"

伯特点头并从抽屉里找出邦妮的照片交给了妻子。照片上的邦妮站在草地里,手捧鲜花,天使般美丽,这让贝西醋意大增。

"撕掉它!"贝西端详了片刻。

伯特犹豫了一下,但还是照做了。为了让贝西对他放心,他把照片的碎片放入她的掌心,说:"你把它丢掉吧!"

那次照片事件之后,贝西总是疑神疑鬼的,有的时候她会翻看伯特的抽屉,查看里面是否有邦妮的来信。但是这种妒忌却始终无法使她释怀最后,贝西决定让伯特主动和邦妮断绝关系。她对伯特说:"为了表示你对我的忠诚,你必须告诉她你已结婚了。"面对妻子并不过分却咄咄逼人的要求,伯特沉默着迟迟不动笔。

而此时,却传来了邦妮要结婚的消息,伯特在心里默默的想念邦尼。

从部队退役之后,伯特来到了通用汽车公司工作。两年之后,他们的大儿子出生了,后来又有了第二个儿子罗恩。为了对这个家庭负责,这以后的日子里,只是在圣诞节和她生日时,给她寄贺卡。这对于他来说是个小小的安慰,如今邦妮也有了自己的家庭,他能做的也就是给她祝福。就这样,许多年过去了,两个人淡淡地往来,却一直都没有断去联系。

贝西 63 岁的时候患病卧床,伯特不离不弃在她身边照顾着她。直到贝西去世前的那一刻他依然守在她的病床前。贝西临终前对伯特说她并不后悔嫁给这个心中还有着其他女人的人,如果有来生,她还会选择他。听到贝西这样的话,伯特很感动,也很愧疚,尽管贝西谅解他的曾经过往,但是他却感到十分很自责。

一起生活了 40 多年的结发妻子就这样离开了,这对伯特的打击太大了。那几个月里,他也病倒了。他的儿子知道他是因为妻子过世而伤心绝望,他们纷纷来照顾安慰他。经过几个月的调养,伯特康复了。之后,他每日都到贝西的墓旁坐半天,喃喃地说话,仿佛是和天堂里的贝西交谈。

在回想往事时,他又想起了邦妮,她现在在哪? 她生活的怎么样? 好多问题一齐涌进伯特的脑海里。他决定去看看邦妮,准备就绪后,他开车向西出发了。他最想去的是他和邦妮邂逅的那间酒吧,那里有他们的记忆。但是在启程后,他又想到了爱达荷,邦妮应该在那里。

伯特居住的地方离爱达荷很远,需要两天的路程。天黑前,伯特找了一个旅馆住下来。第二天清晨,他很早就出发了,为了能早点看见邦妮,他不顾路途的遥远,车子的颠簸。第二天伯特试着去找岗德森这个名字,可是要想通过岗德森来查找邦妮的下落实在太困难了。这令伯特十分沮丧! 他躺在床上望着天花板,一个名字突然窜入脑海——约翰·亚当斯,伯特还有他的照片,相信通过他能找到邦妮,因为他是邦妮的弟弟。伯特立即开始查找约翰·亚当斯,凑巧,电话簿上居然只有一个约翰·亚当斯!

伯特不敢确定这个约翰·亚当斯就是照片上邦妮的弟弟,但是可以试一下。想到在这里,他顺便查到了约翰家的地址。约翰的住址离这里不远,伯特决定明天早上去打听一下。

早晨,伯特迎着明媚的阳光驱车赶往约翰所居住的那条街道。那是一栋有护墙板的旧房子,房子不大,墙壁已经褪色了,需要重新粉刷。院子里的花草看上去很久都没有人打理了,草长得很高。

伯特在门外徘徊了很久,犹豫着是否要敲门,他仿佛能听见屋子里面有人在说话。他抵挡不住对邦妮的思念,最后还是轻轻敲了敲门,随后,听到有脚步声传来,门被打开了,出现在门口的是一位满头白发的老妇人。

伯特并不认识眼前的老妇人,于是问道:"是约翰·亚当斯家吗?"

"是的。"老人点头道:"请问您是?"

"我……"伯特支吾了很久不知道该怎么介绍自己。便问:"请问约翰在家吗?"

"我儿子早晨出去了,你要是要找他就进屋等会吧!他半个小时之后就回来了。"老妇人侧身请伯特进屋。

原来这位老妇人是约翰的母亲,如果没有错的话也是邦妮的母亲。

"我想冒昧请教您一个问题?"伯特接过老人递过来的柠檬茶,问道:"请问您的女儿是叫邦妮吗?"

老妇人愣了一下,眼中泛出淡淡的哀伤来,仿佛在回忆往事。

"邦妮真的是您的女儿?我能见见她吗?其实我是来找她的。"

"年轻人,你来得太迟了!"她说,"邦妮早在3年前就离开了我们!"

邦妮去世了!怎么会这样?怎么会……伯特感到一阵眩晕,他接受不了邦妮已经不在人世的消息。她竟然已经去世3年了,自己却不知道,这对他而言，就是刚刚发生的噩耗！

回忆往事，老人也忍不住啜泣起来，但是伯特已经顾不上劝慰她了，想起和邦妮曾经的那些事情，他后悔没有在邦妮离开之前来看她最后一眼。她是不是很伤心的离开了？她是不是还有什么话要对自己说？伯特一下子陷入了无边的自责和痛楚中。

就在这个时候，一个高大的男子走进屋子，伯特判断他一定是邦妮的弟弟——约翰。老妇人对男子说："这位先生找邦妮，他是特地从纽约州来的。"

"纽约州？"约翰眉毛挑了一下，不待伯特言语，向他伸出手来，"是伯特吧？"

"是的，我是来找你姐姐的，但是却听到她已经去世的消息，这令我十分心痛……"伯特握着约翰的手久久难以松开，只是不停地叹息着。约翰很同情地安慰了一下伯特，带着伯特来到了院子里的葡萄藤下。向他讲述了姐姐的生活。

邦妮结婚之后便和她丈夫在近郊经营一个小农场。虽然收入不算多，但也能勉强过活。多年之后，她被确诊患了脑瘤，很快，丈夫也被确诊为脑瘤，同样病症出于同样的病因——化学农药，常年的接触农药和农药公司的不负责任造成了很多人的不幸。他们检查出病情的时候已经是晚期了，药物治疗和手术已经不起作用了。邦妮和丈夫在同一年内相继去世。

回忆如洪水泛滥，伯特向约翰述说着他和邦妮的那段感情，不禁掉下眼泪来。随后，伯特取出当年邦妮给他的那张弟弟的照片，睹物思人，约翰也不禁落下了泪水。他对伯特说："她还一直喜欢着您。"伯特艰难地点着头，一字一句地说："我知道，我也一直很爱她，一直。"

第二天，伯特和约翰来到邦妮的墓前，墓碑上的照片是邦妮 35 岁时的照片,那个时候的她依然是那么美丽。伯特为她带来一束鲜花和迟来的歉意,希望她在天堂生活的幸福。几天后,伯特开车返回东部,一路上他的心情不能平静,先是妻子离开了自己,而后又听到了邦妮去世的消息,一生中深爱的两个女人都离他而去了。

仔细回想这么多年,虽然伯特和邦妮失去了联系,但是他从未忘记过她。伯特曾答应过邦妮不会忘记他们那短暂的相遇,他相信他做到了。因为在心底的角落,永藏着邦妮的笑脸。即使在车上,也可听到两人相识的那首歌——《Once in a while》,每当放起这首歌,伯特会下意识地减慢车速,耳畔仿佛又传来邦妮的私语,手心又有了邦妮的温度。这首曲子的旋律刻着他对邦妮的所有回忆。

虽然这么多年来,伯特没有和邦妮联系过,但是在他心里有一个属于邦妮的位置。为了表示自己从未忘记邦妮,他开车的时候只放邦妮喜欢的音乐和录音带。尽管邦妮去世很多年了,但伯特认为她一直活在他的心中。

赫尔曼·戈林

二战浪漫曲

　　戈林，全名赫尔曼·威廉·戈林。作为希特勒最重要的帮凶，他是奴役劳工计划和犹太人种族灭绝政策的主要制定者，也是希特勒身边智囊团"六大金刚"中的第五位，也是将纳粹主义推上历史舞台的主要助力。这样一位希特勒钦定的继承人，当纳粹主义宣告失败的那一天，他的结局并没有比希特勒好。

　　我们暂且撇开赫尔曼·戈林的战争罪孽和残忍性情，只是来看他的感情生活，他用投机取巧的办法得来的爱情，虽然称不上浪漫，却也是全力经营。戈林同他崇拜的希特勒一样，狂妄、孤傲、不可一世。一战结束之后，戈林总是带着他的勋章到处炫耀。这个从来就不知道天高地厚的家伙戴着勋章加入了啤酒馆的暴乱，但是被前来镇压的军警打伤大腿，加上暴动失败，他不得不四处流亡。他最开始的时候去了丹麦，在丹麦仍旧无所事事。后又转去了瑞士，在瑞士做了一个时期的运输机驾驶员。他的爱情故事就是在这一时期开始了，难以想象，这位阴谋家连爱情都是靠耍阴谋得到的。

　　那时候的戈林年轻又聪明，他总是能利用工作的机会，想尽一切办法讨好对他的事业有帮助的人。由于他的驾驶技术出色，所以他总是能借机护送一些有名望的人。由于戈林巧舌如簧，所以深得这位伯爵的喜欢，从此戈林成了这座斯德哥尔摩的宅邸的常客，没事总是找机会来这里坐坐，即使罗森伯爵外出不在的时候，戈林也照常来。他向往着罗森伯爵那样尊贵与富有的生活，时常出入这里，似乎也能提高自己不同常人的身份和地位。

有一天,戈林又来这里做客了,恰巧罗森伯爵夫人的妹妹卡林·冯·卡琳也在这里。罗森伯爵为他们做了介绍,随后他们便愉快地交谈了起来。

整个谈话的过程,他讲述了在一战的时候他是如何驾驶着飞机在天空翱翔,并将同盟国的飞机一一击落的。这其中难免有不合实际和夸张的成分,可是在两位平时几乎是足不出户的夫人听来却是句句的真实可信,尤其是卡琳,在几次交往之后,几乎已经是用崇拜的眼神去看待他了。事实上,打从一看到这位高贵貌美的少妇,戈林便不可自拔地喜欢上了她,她的一颦一笑都是那么的优雅。

戈林年轻,外表高大英俊,谈吐不凡,又机智幽默。 卡琳很快对他充满了迷恋和欣赏。戈林从卡琳的眼神中意识到了这一点,他可以十分的确定这位尊贵的夫人已经完全拜倒在他的脚下了。卡琳是瑞典非常有名的美人,她依靠着她的美貌嫁给了斯德哥尔摩的富商肯佐夫。婚后,卡琳虽然过着锦衣玉食的生活,可是她跟她的丈夫却过着同床异梦的生活,除了物质和金钱,她的丈夫没有一点是她满意的。虽然她现在已经有了一个 8 岁的儿子,可是卡琳仍然没有想过要死心塌地的跟她的丈夫过日子。而肯佐夫先生亦是如此,他娶了这位漂亮的女人,并非真心爱她。一方面是因为她的美丽容颜可以让自己赏心悦目,另一方面也可以借此来向世人证明金钱的万能性。肯佐夫先生将他的妻子娶回家后,仍然很少回家,他常常流连在歌女、舞女的温柔乡里。在他眼里这些女人要比卡琳风情万种百倍,搂着那个硬邦邦的女人只会让他浑身发冷。就是这种种的原因才促使了他们夫妻的感情一天不如一天 ,几乎达到了破裂的边缘。

戈林的出现,仿佛让卡琳看到了希望和曙光,在与戈林的聊天中,她不止一次暗示过戈林,她甚至直截了当地说戈林就是她梦寐以求的那种男人。如此富有挑逗性的语言怎能让戈林不心动,况且他已经垂涎卡琳美貌很久了,虽然她已经有个 8 岁的儿子了,可是戈林对此全然不在乎。

卡琳开始与戈林偷偷往来,他们是一对见不得光的情妇与情夫的关系。每次肯佐夫先生外出后,卡琳便开始与戈林幽会,她以"去姐姐家做客"为借口外出的次数也越来越频繁。渐渐地,原本只是把对方当做实现目的工具的戈林却对卡琳动了真情,他曾要求过卡琳与肯佐夫离婚,与自己结为正式的夫妻,他不想一直这样偷偷地生活下去,但是被卡琳拒绝了。如果她先提出与自己的丈夫解除婚约,她从她的富翁丈夫那里一毛钱也拿不到,锦衣玉食惯了的她可不想过苦日子。善于耍手段的戈林为他们的将来想了一个绝妙的计划——威胁,想来这是戈林最擅长的一点。他开始秘密跟踪和搜集有关于肯佐夫先生的艳史。几天的跟踪下来,让戈林不但对肯佐夫的财富羡慕不已,对于他的花花绿绿的私生活也颇为感叹。

肯佐夫不但终日流连于各种高级场所,而且还时常与明星、美女出双入对。戈林将所有跟踪得来的资料全部交给了卡琳,由她拿去要挟肯佐夫先生离婚,否则就将所有的一切拿出去到处宣扬,让他名誉扫地。戈林的计划非常成功,一切进行得很顺利,肯佐夫先生首先提出了离婚,并给了他的夫人一大笔钱,这些钱足够她过衣食无忧的生活了。拿到钱后戈林就带着卡琳离开瑞典去往德国的慕尼黑。

他们现在有钱了,可以用来完成戈林的梦想了。其实戈林从来就不是一个甘于平庸的人,当一个飞机驾驶员不是他的终点,他的梦想是利用各种手段和途径向上攀登。因此戈林来到了慕尼黑大学,主修经济,就同鲁道夫·赫斯一样,走上了追随希特勒的道路。戈林的政治生涯从此开始了,而他的婚姻生活也从此步入了正轨。1923 年,戈林同卡琳在慕尼黑举行了正式的婚礼。婚后,戈林对卡琳很好,虽然戈林在外面一直是呼风唤雨,可是在家里对卡琳却是百依百顺,他们非常恩爱。

事实上，卡琳的身体一直不太好，而且患有轻微的癫痫病。一次，卡琳突然癫痫病发作，身边又没有医生陪同。卡琳倒在地上，眼睛向上翻动着，开始牙关紧咬，浑身抽搐。看着如此痛苦的卡琳，为了避免她在抽搐时咬到自己的舌头，急切中戈林将自己的手指塞到了她的嘴里，并命人马上去请医生。当医生赶来的时候，戈林的手指已经被咬得血肉模糊了。

戈林是个崇尚武力，反对文明的人，他有一句非常经典且被世人所熟知的名言：一听到文化这个词，我就要拿起我的勃朗宁手枪。可是他对于卡琳却还是疼爱有加的。卡琳是个喜欢浪漫的人，戈林在加入纳粹组织后一直很忙，可是无论他再忙还是会尽量配合妻子为他们安排的浪漫生活。卡琳的身体越来越不好了，戈林一边要忙于政事，一边还要照顾重病中的妻子。1931年，妻子卡琳终于因患肺结核病逝了。因为妻子的突然离世，戈林悲痛了好长一段时间。之后，他把所有的精力都投入到工作当中，以此来减轻他对妻子的深深思念。不久后，戈林被任命为普鲁士的内政部长。就在仅仅几年的时间里，戈林晋级的速度犹如坐上火箭一样，一飞冲天。1935年，在卡琳病逝后的第5年，戈林认识了著名的女演员艾米·索妮曼。

这是一个以演剧为生的女子，接连不断的战争，使她犹如一叶扁舟不停地在河里漂泊，永远也靠不了岸。艾米早已厌倦了这种"人前赔笑，人后流泪"的虚伪生活，可是依靠自身的能力，她无法使自己摆脱这种生活。但是一次偶然的机会却使她成功地靠岸了。戈林是一个讲求生活质量，虽然纳粹的事业已经让他忙得不可开交了，可是他总是要抽出一些时间来娱乐一下，欣赏一下歌舞剧。他的前妻卡琳还未病逝的时候，他们常常一起看，他去看歌剧甚至只是为了怀念一下早逝的妻子。一天，他在剧院里欣赏了一出名为《夫人变心了》的舞台剧，内容大概是讲述了一位伯爵夫人不甘寂寞爱上了他家的马夫，最后两人双双私奔的故事。这让戈林联想到了自己和卡琳,不觉多看了几眼剧中的伯爵夫人。这几眼让戈林心头为之一震,那是一位风华绝代的美丽女子,她的眉眼中带着几分似曾相识,而那几分似曾相识正是属于他的妻子——卡琳。

他决定认识这位姑娘,他吩咐助手要求剧场负责人将扮演伯爵夫人的女子带过来。艾米听说航空部部长要见自己,非常紧张也很害怕,可是这样的命令谁敢拒绝。当戈林看到艾米那张动人的小脸时,眼里马上涌满了爱意和怜惜,他仿佛看到了妻子卡琳站在他的面前。

很快,戈林与艾米顺理成章地结了婚。无论他是将艾米看成了卡琳的替身也好,还是又重新喜欢上了艾米也好,戈林最终都将这段婚姻维持到了他生命的最后。戈林在德国的若干将领中,可以说除了心狠手辣以外毫无才能,但是神奇的是,他却能得到希特勒的如此重用。

1939年9月1日,闪电战开始之际,希特勒宣告了戈林法定继承人的地位。戈林在战争中所犯的罪行,不亚于希特勒。攻击波兰的战斗主要以空军突袭和轰炸为主,波兰的战略指挥中心、交通枢纽都毁于一旦,随之而来的是很多城市变成断壁残垣。在随后的二战中也总是时常动用他的空军。但是这种嚣张换来的是盟军对纳粹沉重的打击和报复,美军参战之后,纳粹的日子逐渐走到尽头,他们的气数已尽了,在以后的战争中他们屡遭失败。

1945年,当代表着法西斯的一方在二战中失败后,希特勒在总统府的地下室内与自己的爱妻艾娃双双自杀了。1946年4月,在逃中的戈林被美军俘获,傲慢的戈林没有等到国际军事法庭对他行刑,就服毒自杀了。法西斯的罪魁祸首就这样结束了他丑恶的一生。当现代的人们站在客观的角度再重新去解读赫尔曼·戈林的时候,他作为战争罪犯的行为自然罪无可恕,但是身为丈夫,却又有着值得人们欣赏和学习的一面。

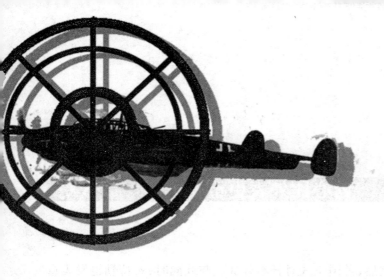

内心比外表更重要

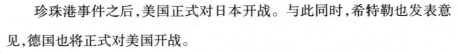

内心比外表更重要

珍珠港事件之后，美国正式对日本开战。与此同时，希特勒也发表意见，德国也将正式对美国开战。

这一消息传到美国国内，使得很多美国男青年愁眉不展。他们通过各种媒体听说了在欧洲战场上战争进行得何等惨烈，他们不喜欢战争，更不想加入其中。然而这一切又是他们逃不掉的，这一天史蒂芬司他的同伴们一起作为美国参战后派往欧洲战场的第一批部队，来到了战场。

史蒂芬一直痛恨战争，战争使他失去了父亲。在 1917 年，他的父亲作为美国参战后的第一批士兵开赴了法国，之后就再也没有回来。那时，他还没有出生，他甚至连他父亲的面都没见过，他的母亲独自一人将他抚养长大。他不想来参加这场该死的战争，他的内心深处一直有一个声音在说：当懦夫都好过用暴力的方式当英雄。

尽管史蒂芬很不情愿，但他还是随着美军第二军来到了当时驻守在英美盟军供应点最南端的费德山口，与此地的德国将军隆美尔对战。

在这次的战役里，隆美尔要让盟军认为他要酝酿一次大的攻势。而艾森豪威尔和安德森果然上当了，他们错误地判断了敌情，认为对费得山口的进攻是隆美尔的声东击西，主攻的是本杜克一带。

就在情人节的这一天，盟军为了防止隆美尔进攻本杜克一带，就让重要的战斗部队和装甲部队留在后方，用来防守。

当德军的大炮在费德山口响起的时候，史蒂芬和他的战友们全都惊慌起来,他们都是第一次这样真枪实弹地面对战争。他们中有些人甚至连一枪都没有开就死在了德军装甲车的链条之下。

史蒂芬害怕极了,他自始至终都将身体掩藏在战壕里,手在不停地发抖,心里慌张极了。以前受训时,教官所讲过的一切战场常识他全都忘得干干净净了,他扣不动扳机,大脑也在此刻不听使唤了,他真的是被吓坏了。

在这次战役中,美军第二集团军伤亡惨重,大部分的坦克、大炮全部被敌军缴获。史蒂芬永远也忘不了1942年那一个情人节,他是如何在德军的枪炮下逃过一劫的。

当史蒂芬回到兵营后,他的全身都僵直了,无论做什么都无法让他忘记那血淋淋的场面,甚至连晚上睡觉都会在噩梦中惊醒。史蒂芬痛苦极了,他的上司一度认为他要疯了。"谁也帮不了他,除了他自己。"这是战地医生给出的忠告。

美军第二集团军因为在费德山口吃了败仗,所以暂无作战任务,艾森豪威尔给他们下达的命令是整顿军队,原地待命。士兵们有了充足的时间做自我调整,可是史蒂芬还是很少跟别人交谈,他每天抱着战地报纸拼命地看着,好像在等待着什么重要的消息。没有人知道史蒂芬为什么每天都在看战地报纸,只有他自己知道。他在时刻关注着这场战争和每天各个地区的战况,他想知道这场战争什么时候才能结束,他实在无法忍受了,他就快要疯掉了。

一天,史蒂芬无意间读了一篇题目为《致前方的士兵们》的文章,这是他自从费德山口战后第一次感到了心里的些许平静。文章的内容是这样的:

二
战
士
兵
浪
漫
曲

致前方的士兵们：

每天在枪林弹雨中行走，没有人比你们更盼望战争早点儿结束，可是连最伟大的政治家也很难推算这场战争什么时候才能结束，你们应该安下心来，不能急躁。

看着一个个的同伴在自己的身边倒下，没人能理解你们那种对死亡的恐惧。你们想念父母，甚至妻儿。但请相信我，他们的想念不会比你们的少，他们害怕你的每一次回家探望都会变成永远的离别。

可是亲爱的朋友，请不要这样，你们要学会坚强，坚强会让死神也惧怕你们的力量。

文章的结尾署名为玛丽埃尔·康德森。史蒂芬曾听说过这个名字，她是当时美国小有名气的女作家，专门为各大报纸和杂志撰写一些文章。她的文章里没有抱怨，更没有戾气，总是充满着积极向上的力量。玛丽埃尔所说的每句话，仿佛都说到了史蒂芬的心里，他突然有种被了解的感觉。于是史蒂芬当下决定给玛丽埃尔写信，不管她能不能看到，能不能给他回信，他都要给她写信，因为她是那么的了解身为战士的心理。

趁着还没有新的作战任务，史蒂芬给玛丽埃尔写了第一封信。

亲爱的玛丽埃尔小姐：

如果因为我的来信打扰了您的生活，我表示抱歉。我是一个新兵，我从来不懂得打仗，血肉横飞的战争场面会让我浑身哆嗦。我对战争的恐惧是与生俱来的，因为我的父亲就死于一战。

从我加入部队到现在，我也曾跟随着军队打了一仗。在这场战争中我甚至从头到尾都没有开过一枪，我看着我身边的人一个个地倒下了，我害怕我什么时候也会同他们一样倒下去，就再也起不来了。

有时，连我都会嘲笑自己，嘲笑自己的胆小、懦弱，可是我不知道怎样来克服这种恐惧。每当我听见隆隆的枪炮声，整个身体就会不知不觉地跟着发抖，您可以教我要怎么做吗？

史蒂芬的信并不长，而且他对于玛丽埃尔的回信也并不十分期待。在这战火四起的年代，那封信能不能被收到也还是个未知数。

这时的美军第二集团军仍在恢复当中，由于在上次的战役中，部队的装备和人数都损失过重，他们要从别的部队里抽调一部分人来补充这里。而与此同时，别处的战争仍在有序地进行当中。

一天，当史蒂芬在战壕里发呆的时候，通信兵拿着一封信在大叫着他的名字，"史蒂芬，哪位是史蒂芬？这儿有他的来信。"史蒂芬站起来，接过信的一刹那不觉全身的血液也跟着沸腾起来。玛丽埃尔·康德拉的信，她竟然给他回了信，这使史蒂芬绽开了久违的笑容。

史蒂芬先生您好：

首先要谢谢您对我的信任和尊重，能分享您的心事使我很感动。

请问，在您的心中，有爱的人吗？有决心要用生命去守护的人吗？如果有的话，请常常想想他们，您在战场上的努力是为了更好地保护他们，不是吗？您的胆小和懦弱会使他们面临危险。如果您这样想的话，会不会能更勇敢一些呢？

读了玛丽埃尔的来信，让史蒂芬想起了他远在田纳西的妈妈，他的妈妈现在一定很担心他。她已经在一次战争中失去了她深爱的丈夫,她已经很老了,已无法再承受失去儿子的痛苦了。他应该为了他的妈妈,坚强一些。想到这里,史蒂芬突然感觉到身体里有一股强大的力量在上下飞蹿,他从来没有过这样的感觉。

就在这时,美军第二集团军的指挥官行列发生了很大的变化。由于在短短的时间里,美军第二集团军调来了新任司令,一位隆美尔式的军人,乔治·S·巴顿将军。

1942年3月14日,美军第二集团军在进行了一个月的休整后,收到了来自亚历山大下达的新命令,让美军用进攻去威胁德军,与此同时,第八集团军去夺取马雷斯防线。

第二军在接到命令后马上向指定位置前进,而史蒂芬也不得不跟随着部队向米克纳西和加贝斯方向移动。在这之前,他又给玛丽埃尔写了一封信。在信中他告诉她,他已经渐渐地走出战争恐惧了,这多亏了她的鼓励和帮助,现在他们即将要转移战场了,具体会转移到哪里还不是很清楚,但是他会随时同她保持联系。

整个突尼斯战役进行了约20天,虽然第八军损失较为严重,但是最后这场战役还是打赢了。盟军的这次胜利,给刚刚参战的美国士兵带来了无限的信心和动力,他们开始逐渐进入作战状态。史蒂芬就同他的同伴们一样,在这场战役中第一次敢于直面流血和牺牲,他的思想在一点点地蜕变和成熟,这些要源于玛丽埃尔对他的开解和鼓励。

在这场战役结束后,史蒂芬又给玛丽埃尔写了一封信,在信中他详细地叙述了他们的整个战斗过程,和他在战斗中的表现,对于玛丽埃尔的帮助他表示了感谢。而玛丽埃尔也很快给他回了信,表示能这样帮助他,让她觉得自己虽然身在战地后方,但是能间接地为这场战争出力,使她感到非常的高兴。

就这样书信在两个人之间不断地往来。让史蒂芬惊奇的是,无论他在作战中遇到什么状况或是心理问题,只要他提出,玛丽埃尔都能给予恰当的指导。他从出生到现在没有一个人能像玛丽埃尔这样理解他,这让他感受到了前所未有的快乐。这样一个炮火连天的岁月里,快乐是多么难能可贵的情绪。

史蒂芬仍旧不停地跟随部队东奔西走,现在的他已经是他所在部队里最骁勇善战的士兵了,他的长官很器重他,他的同伴也很看好他。战争仍在继续,浪漫仍在进行。

1942年仲夏之初,美军登陆瓜岛,8月初的时候,美澳部队进行了整编,其中巴布亚的部分编入新几内亚部队,总指挥官是占部队主体的澳第一军西德尼罗维尔军长。该部的任务为防守欧文·斯坦利山口。同时,拿下科科达和布纳。经过一个月的艰苦战斗。由战略防守转为进攻,此时的日本人已接近弹尽粮绝的边缘。加上热带病的肆虐,非战斗减员的现象越演越烈。最后,盟军在这次战役中艰难取得了胜利。

这场战役使得日军由全面进攻转入防守,其太平洋海岛战不败的历史也已被终结,日军的士气开始下降,大量士兵和武器损失让他们开始变得无法再嚣张起来了。

此时的史蒂芬得到了上司相当程度上的认可,由于他的机智与勇猛,他被提升为下士。这使他很高兴,当得到任命后,史蒂芬第一时间内把这件事告诉了玛丽埃尔。玛丽埃尔在来信中说,听到这个消息她很高兴,而且也很钦佩史蒂芬的能力。

爱情的火苗开始在两个人之间迅速燃烧,虽然谁都没有说破,可是他们明白,事情正在向那个方向发展,而且谁也没有要阻止它的意思。

当战争持续到 1944 年的时候,其结果开始明朗起来。在苏联红军节节胜利的推动下,盟军经过长期准备的"霸王"作战行动将于这一年正式揭幕。为了有效地打击德军并给德军在心理上造障碍,美、英空军进行了更好的协调与协力,以实施战略轰炸。1944 年 4 月,美、英两国空军进行了整合,成立空军联合司令部进行统一指挥。

对于陆地作战策略,盟军把轰炸对象的苗头指向了德国内陆和德国占领区的军工厂和工业大厂,如此以来可以有效的打击德军的作战信心并削弱德军的海上力量。

进入到炎热的六月份,人们的心情就像这天气一样的焦躁。在 6 月 6 日——D-day(登陆日)太阳刚露微光,天边亮起一线,英国 1100 多架飞机向法国的瑟堡和勒阿佛尔之间的受岸堡垒进行了轰炸,投了近 6000 吨的炸弹。同时美第八飞行队 1000 多架飞机出动。约在 6 点左右,对诺曼底的防线投下了 1600 多吨的炸弹。轰炸取得既定目标取得战果后,盟军开始扩大目标范围,比如海岸明显目标和岸内炮兵部队,进一步为登陆创造条件。等到太阳升起的时候,盟军的海军战舰又向德军沿岸阵地发起了攻击。

时间一分一秒的过去了,约半个小时的时间内,两处可供登陆的海滩上都出现了美军的身影。此时,英军和加拿大军队也开始按既定计划在各个滩头登陆。

到了夜晚,已有 10 个师成功上岸,包括他们的坦克、大炮和补给也已全部到达指定方位,而后续的部队也在陆续的赶到。希特勒的大西洋壁垒被攻破了,被纳粹占领的欧洲大陆开始迎来了解放的曙光。

这时的史蒂芬带领他的部队在诺曼底处登陆了,德军的火力很是凶猛,他看着他的战友在前进中不断地倒下。如果是以前的他早就吓得扑倒在地了,可是如今的史蒂芬面无惧色,镇定自若地指挥部队寻找可以掩护身体的物体,战争使他快速成长。

英美盟军自登陆后,一路高奏凯歌,而德军则不断败退,此时东面战场上苏联红军也展示了强大武力,德军伤亡节节攀升。仅仅是1944年7月,盟军在欧洲战场上集结的部队就超过了30个师,多半为美军,剩下的主要是英军和加拿大军队。而德国此时只剩27个师,还不是完整建制,这包括了伤亡的16万多的士兵。

到了初秋的8月下旬,盟军奔赴到了巴黎的塞纳河。25日时,光复了巴黎。

当盟军的部队开驻巴黎的时候,整个巴黎都沸腾了,人们纷纷涌上街头,欢迎友谊部队的到来。史蒂芬昂首阔步地走在步兵师的前面,巴黎的人民在向他们欢呼致敬,他生平第一次享受到如此高的崇敬,这使他在接下来的日子异常地兴奋。

晚上,他决定给玛丽埃尔写一封信,他要同她分享这份荣耀。自从盟军筹划诺曼底战役后,他就没有给她写过信。今天战役结束了,而且是以他们取得胜利宣告结束。史蒂芬在信中详细地描述了他们的整个作战行动,写得非常生动,他头一次觉得或许自己也有当作家的天分。他告诉玛丽埃尔,他所取得的一切战果都是源于她的鼓励,如果没有她,他现在也许仍旧是个懦夫。

就在1944年的冰雪初封的时刻,在乌克兰的德军因斯大林格勒战场的挫败和希特勒的命令进行撤退。苏军抓住了这一时机,一鼓作气,在白俄罗斯把一向战无不胜的德国中央集团军打了个一败涂地。一连串的失败令希特勒惊魂不已,波兰战场又失败了,德国战场也失败了。在这种内外交困的时候,希特勒决定进行最后一搏。

二战士兵浪漫曲

1944 年末,希特勒召集来了所有的参谋官和指挥官,他向这些高级指挥官们宣布了他的计策:打进安特卫普,切断美第二和第三集团军,夺取盟军主要供给基地,压制英军和加拿大军队向东北撤退,全面夺取战争的主动权。

这是希特勒的背水一战,为此他从 8 月就开始四处搜寻残兵余勇,到了 10 月中旬,竟有了 1400 多辆坦克,到了 12 月,又增加了近千辆的坦克,空军元帅戈林也信誓旦旦的保证一定能凑足 3000 架战机。

15 日的深夜,大雪过后的阿登森林,雾锁群山,德军悄然掩至。阿登防线,美军共有两个军六个师大约 8 万人的规模。史蒂芬所在的步兵师就包括在这 8 万人里面。酣睡的美兵和统帅司令部的人都没有想到德军会在这个地方突然咬一口,虽然巴顿早就给过警告,但如果把每个将官的每个"牢骚"都重视的话,又何需司令们做取舍、做决策呢?

史蒂芬在后来给玛丽埃尔的信中写道,德军的行动太快了,16 日的清晨,德军大炮突然密集地喷出凶恶的火舌,惊措万状的战友们马上从睡袋中爬出,躲进就近的掩体。山体在晃动,每个人心底都有个疑问,德军的部队怎么会在这里?利炮摧毁了防御工事,坦克碾进开阔地,数百个探照灯突然整体打亮,一个个令人措手不及令的举措让美军的战争局面失去了控制,逼近崩溃的边缘。

16 日的晚上,天很黑,还下着大雪,森林雾霭弥漫,厚重的大雪覆盖了整个群山。史蒂芬还记得那时的阿登战场已经混乱不堪,无论是美军的士兵还是长官,谁都不知道究竟发生了什么事情。史蒂芬和一支小分队突出重围后,在阿登森林里摸索着,他们企图寻找美军的大部队。就在他们逃出的两天后,他听说有近万名美军在施尼·埃菲尔峰向德军缴械投降。史蒂芬一边沮丧着一边想要是自己作为指挥官被困住该做出怎样的决策呢？

当史蒂芬和他的同伴们好不容易躲过了德军的搜查找到美军大部队的时候，却被此地的美军在经过严格盘问后，关了起来。原因是他们的一个同伴竟然回答不出来哪一个棒球队赢得了去年的冠军，因为已经有部分德军装扮成美军混进了他们的军队，他们不得不更加的谨慎，居然把这种问题当成了确认身份的标准。

史蒂芬和他的同伴们已经被关了几天了，这令他们哭笑不得，本来以为要在这个黑暗的小屋子里度过圣诞节的，可是就在圣诞节的前一天，战役有了转机。黑暗和暴雪终于过去了，天气开始转晴，此时的进攻也已成了强弩之末。英、美空军联合，大肆轰炸德国的军队和坦克，巴顿将军率领着装甲部队从南面突破，为这里的第二军解了被困之围，而被关的史蒂芬也终于得以释放。

后来史蒂芬告诉玛丽埃尔，从他参军以来，他没有一刻不是活在紧张里。可是被关的那几天，他觉得异常地轻松，他可以很悠闲地同他的同伴们讲述着他的家乡，美丽的田纳西的田野。他们坐在一起畅想着，战争结束以后的打算，那一刻他们就像坐在酒馆里闲话家常一样，每个人都忘记了战争，虽然外面依旧是战火连天、响声隆隆，但他们享受到了一次在战争中难得的惬意。

法西斯的末日到了，虽然他们仍在做着垂死的挣扎，可是任谁都看得出来他们的气数已尽。1945 年了 3 月的第三个星期，史蒂芬所在的美军兵团也渡过了莱茵河，一部南下向德国北部的平原推进，另一部向毗邻的鲁尔区推进。而此时在南部战区的美军第六集团军群正在执行歼灭莱茵河以西的德军的任务。

盟军正在向胜利一步步迈进，史蒂芬也看到了战争即将胜利的曙光,这让他的心情变得异常的复杂。本来以为他是撑不过战争结束的,因为他是那么的胆小和懦弱。可是没想到他居然真的一路勇敢地走了下来,而且还走到了最后,这多亏玛丽埃尔的帮忙,在他的心里深深地了解这一点。

在这 3 年的通信过程中,史蒂芬意识到玛丽埃尔已经不知不觉走入他的内心深处。很奇怪,他们的爱情就像仙人掌一样,越是在恶劣的环境下,越是能开出娇艳的花朵来。史蒂芬决定在战争结束的时候,无论如何都要与这位从未谋面的爱人见上一面,虽然这也许只是他单方面的想法而已。

战争终于结束了,史蒂芬所在的军团也该撤回美国了,他们的任务已经完成了,而剩下的和谈、赔款等事宜也与他们毫不相干了。回到华盛顿,史蒂芬没有顾得上休息,就急急地给玛丽埃尔写了一封信,告诉她,他从战场上活着回来了。他能完好无损地回来都是她的功劳,他想见她,希望这样的提议能获得她的同意。很快玛丽埃尔给他回了信,她同意他们的见面,但是希望他不会为这样的提议后悔。玛丽埃尔告诉史蒂芬,星期六上午 10 点,她会准时到达广场。那时她会在胸前佩戴一支玫瑰花作为记号,与他相认。

史蒂芬很紧张,他从来没有觉得时间是这么漫长,因为他全身心都在盼望着与通信 3 年的玛丽埃尔见面。他尽量把自己打扮得帅气又不失庄重,希望能给玛丽埃尔留下好印象。

期盼已久的星期六终于到了,史蒂芬早早地就来到了广场等候。他一会儿拽拽袖子,一会儿抻抻领子,那样子比见他们的伟大总统罗斯福还要紧张。

十点就要到了,史蒂芬不住地在广场上四处张望着。这时,一个美丽的女人从他面前走了过去,并与他相视一笑。史蒂芬顿时更加紧张起来,他身上的每一根汗毛好像都跟着竖起来了。"会不会是她呢?她看起来像极了。"但他又很快的否定了自己,因为他没有看到她胸前的玫瑰花。

史蒂芬继续等着。过了一会儿,一个胸前别着玫瑰花的妇女向他走来。史蒂芬心里一紧,会是她吗? 可是她看起来衣衫褴褛,而且面容丑陋,跟他心中的玛丽埃尔简直是天壤之别。史蒂芬的内心开始做起了激烈的斗争,是上去相认还是就这样转身走掉呢?

他同她通了三年的信,对她已经很了解和熟悉了。三年来她一直在鼓励自己,这样的经历难道还无法抵过她外在的容貌吗?

不过,史蒂芬很快就做出了决定。他快步走上前去,在妇女面前深鞠一躬后伸出右手,满怀感激地说:"您好,玛丽埃尔,我叫史蒂芬,是您在战场上用书信拯救的士兵。在您的一再鼓励下,我现在已经是一名军官了。"

妇女也伸出手同史蒂芬握了握,说:"您好,军官先生。请允许我跟您说出实话,因为我实在不能跟一位这么优秀的绅士撒谎。"史蒂芬一愣,那位妇女接着说:"我不是玛丽埃尔,是刚刚从您身边走过的那名美丽小姐给了我 10 美金,又给了我一支玫瑰花让我别在胸前跟您相认的。我想她是想测试一下您的反应如何。虽然我不知道那位小姐是出于什么目的,但是我觉得她对这样的结果应该是满意的。"

史蒂芬这才恍然大悟,他庆幸自己的决定是正确的。衣衫褴褛的妇女走了,现在站在史蒂芬面前的是一位衣着得体的美丽小姐,这才是真正的女作家玛丽埃尔。不用千言万语来表达什么,毕竟两人已经认识了三年,他们是老朋友了,如今又成了新的恋人。

后来,玛丽埃尔问及史蒂芬,为什么当时会与那样的一个人相认的时候，史蒂芬没有用巧舌如簧的话语，只要把他内心真实的想法表露出来，"一个人的容颜再美丽，也总有变老的时候，然而只有美好的内在品质才能保持永久不变。"

一封来自战场上的情书

一封来自战场上的情书

世间的情感就像是天边的云,总是在莫测的变幻。而一份难能可贵的爱情是否能经受住时间的磨砺,久久的激荡在爱人的心里呢？一份永久的爱情让我们感怀,更多的则是对那份执着的爱的动容。在战争年代,颠沛流离的生活让人们心力交瘁,但那颗爱人的心却更加的坚固起来,米涅就是这样用他的生命诠释爱的。

在离开这个硝烟弥漫的世界之前,米涅给他喜欢的姑娘写了一封情书,那是一封承载着他无尽的思念和眷恋的信。尽管要离开这个他一直眷顾的世界了,再也不能见到心爱的姑娘了,甚至不确定那个姑娘喜不喜他,他依然不介意这样做,因为他只是想写信告诉这个姑娘自己有多喜欢她。

这一年,风华正茂的米涅考上了柏林大学的文学系,能在柏林大学的文学系学习,这对于酷爱文学的米涅已经实现了自己迈向理想的第一步,他一直渴望自己能成为像普希金那样的诗人。

柏林大学的校园是美丽的,空闲下来的米涅喜欢一个人徜徉在绿油油的草地上,或者坐在雕花的白色椅子上看书;或者听远处传来的美妙音乐;或者看和他一样年轻的男孩们和女孩们在草地上载歌载舞,他的每一天都过得这般轻松愉悦。

在这期间,年轻的米涅喜欢上了一个女孩,她叫米莉亚,同样是文学系的一名学生。米莉亚因为学习成绩优异被选为班长,而米涅和她相比就逊色了一些,被选为副班长。米莉亚和米涅一样酷爱文学,她对文学的酷爱让

二战浪漫曲

米涅深深的为她着迷。

米涅很喜欢和米莉亚聊天,他们一起探讨文学,一起写诗,一起去登山,一起去滑雪。雪后的大地银装素裹,美丽至极。这个时候,米涅和米莉亚就会相约到山上赏雪,他们边走边背着普希金的情诗。

在相处的过程中,米涅发现自己已经深陷在感情的泥沼里不能自拔了。

米涅深爱着米莉亚,但是他却没有勇气向她表白。这件事情全班同学都知道,在同学们的眼中,米涅和米莉亚是很般配的一对。可是事实总是令人们出乎意料,因为她心中已经有喜欢的人了,那个人是班上一个叫德克的男孩。

当米涅知道米莉亚喜欢的人不是自己的时候,心里很失落也很伤心。他的爱情之花还没有来得及开放就已经枯萎了。每当在班级里看见德克那得意的神情,米涅真想找个机会好好教训一下他。

尽管米莉亚喜欢的人不是米涅,但是米涅并没有放弃,他不断地告诉自己:我会继续努力的,我会一直等,直到米莉亚回心转意的那一天。我一定要用自己的真诚和热情打动她!

苏德战争的爆发,促使校园里很多青年都入伍了,包括米涅和德克,他们被分在第 1 集团军 20 师同一个连队当列兵。

离别的车站,即将奔赴前线的士兵们、亲人、朋友在这个十分拥挤的车站中叮咛嘱咐、挥手告别。德克看起来似乎很高兴,或许是他身上的好战因子在作祟,奔赴战场实现了他为国效力的愿望;或许是因为文学系美丽和才华兼备的米莉亚的送行,使他看起来很兴奋。可是米涅却不是这样,他有些失落,因为就要离开他深深喜欢的米莉亚了,不知道这次分别之后什么时候才能再次相见。想到这里,米涅很想在临走之前向米莉亚表白,就算被拒绝也好,最起码说出了自己的心里话。

但是话到了嘴边,米涅却迟迟没有说出来。米涅的内心很挣扎,因为他还是害怕被拒绝。一旦被拒绝了,他的世界将被冰冻,心里会被整个冬天的阴霾笼罩,他没有勇气去面对这样的悲惨境地。最后,米涅还是放弃了表白的机会。当火车徐徐向前驶去的时候,米涅的眼神还是追逐在米莉亚的左右。可是,米莉亚的眼里只有德克。

米涅不禁伤感起来:亲爱的米莉亚,我是那么喜欢你,为什么我的眼里全是你,可是你的眼中却没有我。尽管是这样,我还是无法将你忘怀。你那美丽的容颜,飘逸的长发,空灵的声音,将永远印刻在我的心底,永远……

战争是残酷的,米涅和德克告别了校园生活投入到无情的战争中去。他们还不知道战争的可怕所在,鲜血、死亡时刻都围绕在他们的周围。

希特勒在二战这个舞台上扮演着侵略者的角色,而作为德国人,米涅和德克不得不服从国家首领的命令。尽管他们渴望和平,反对战争,但是面对战争,他们别无选择。

希特勒上台之后的这些行为已经得不到德国人民的支持,这个好战分子的西占东侵使人们极度反感,可是面对这样的局面人们很是无可奈何,只能做的就是期盼和平早点到来。

1941年的冬天很冷,准备攻打莫斯科的德军在距离莫斯科很近的地方,被苏军挡住了,他们不能前进,这是他们的一个败仗。苏联方面这次虽然胜利了,却没有对整个战场形势起到大的作用,因为苏联大部分的耕地,一部分的工厂及一些人民还在纳粹匪徒的统治之下。

在战争开始的时候,希特勒接到的消息总是德军在什么地方取得了胜利,但是自从进入了冬天,东线战场的形势没有按照他的想法前进,这让他很伤脑筋。由于情绪的影响,他的身体也大不如从前了时常会出一些状况。所以,不得不让医生跟随左右。不过现在,最让他感到头痛的是,最初的入

二战浪漫曲

侵计划被打乱了，他得重新修改计划。

在德军入侵前苏联，发动对苏联的战争前，希特勒就对他的幕僚们说："1942 年是关键的一年，东方战场很重要，如果在 1942 年能结束对前苏联的战争，那德军就会占有主动权。"可是，希特勒明显的感觉到，如果德国在这一年不能占领苏联的话，那美国生产军火的能力加上前苏联的人力，一定会给德国带来很大的麻烦，战争的天平将会倾向另一边。因此，希特勒决定要将自己所有的力量都投入到对付苏联中，等收拾完苏联再收拾西方国家。

米涅和德克所在的部队正好被派遣去参加这次冬季战役。他们在艰苦的条件下作战，身边的一个个战士或战死或冻死，而对于这些他们已经司空见惯了。

在东线作战的所有部队中，目前只有几个师还有作战能力，而在装备精良的装甲师中，能使用的坦克只有 100 多辆，这个数字根本称不上是一个装甲师。

为了让意大利能尽快的支援苏联战场上的德军，希特勒的亲信戈林来到罗马见会见了墨索里尼。墨索里尼对德军进攻苏联能否成功提出了质疑，戈林对此拍着胸脯保证，德军在 1942 年就会将苏联彻底打败，1943 年英国也会进入德国的版图。墨索里尼根本不相信戈林的保证，他告诉戈林，只要德国给意大利一定数量的大炮，他马上就会派兵去苏联。对于墨索里尼提出的条件戈林不能马上做出决定，所以他立即返回德国把情况报告给了希特勒。希特勒最终决定亲自和墨索里尼交谈，最终，墨索里尼派兵去苏联的前线，这也意味着意大利的士兵成为了炮灰。除了意大利派兵外，希特勒又从他的仆从国那里，抽调了不少士兵，这样德军在苏联战场上的士兵数目达到了最高峰。

希特勒一直信奉"进攻是最好的防御"这句话，而且他的士兵在战场上绝对不许撤退，哪怕是情况危急，也只能向前冲锋。

苏联战场的形势让希特勒相信,只要发动一场大规模的进攻,战争的结局就会被锁定。

希特勒在 1942 年 3 月 28 日,召开了一次秘密的军事会议。他说:"冬天过去了,意味着因为冬天的寒冷产生的麻烦事也跟随着过去了。趁着我们手中握着的战争主动权,我们要给苏联人以致命的打击,不能让对方趁着严冬打击我们。参谋长已经制定好了作战计划,你们听计划就行了。我的意图是,我们把兵力集中到南部地区,高加索油田等主要工业区及小麦生产区是我们必须要夺占的目标。当然斯大林格勒是我们的最终目标,到了那里,我们就会给斯大林迎头一击。"

希特勒讲完话后,总参谋长哈尔德站起来宣布了作战计划,南方集团军群作为主攻力量,兵力要增多,并且作战时有飞机配合。集中在南线的兵力要夺取苏联的重要油田;东面的驻兵要切断伏尔加河,夺取斯大林格勒,并要掌握苏联的物资供应线。重要的是两个集团军群要同一时间行动,这才能出其不意,让对方两面作战,分散兵力,便于实现作战目标。

对于苏联来说,斯大林格勒战役的成败,关系到苏德战争以后的进程,影响着欧洲和世界反法西斯战争的结局。

7 月 22 日,按照原先的计划,德军的各集团军司令准时来到了会议室,会议室的墙上挂着大幅的作战地图。随着门口传令官一声"立正"的口令,保卢斯元帅脚步利落地走了进来,动作之间带着振奋的节奏,他站在主位上,看向会议室的其他军官示意大家坐下,然后声音洪亮地说:

"第 45 号作战命令下达,我们即将进攻斯大林格勒。"各支部队的司令们听见这个消息,脸上都露出了嗜血的笑容,他们准备已久的事情就要开始了。

保卢斯环视了在座的军官,接着说:"我们的任务主要是利用顿河建起防线,并封锁河道桥梁,两河之间的公路也要设关卡,军队要快速向斯大林格勒推进,不让敌人有组建反击力量的集团军。"

宣布完命令之后,保卢斯坐了下来,施密特少将随即起身,在会议室的大地图上根据各集团军位置开始逐一布置它们各自负担的作战任务,之后,他大声说了一句:"这次,我们将踏平斯大林格勒!"这话使得在座的所有德军军官斗志昂扬。保卢斯总结说:"先生们,这次的任务可能是我们将要进行的最艰难的一次战斗,但是我们的对手已经没有能力和我们抗衡了,只要我们猛烈地进攻,我们的对手就会垮掉。为我们即将到来的胜利欢呼!"很快,德国法西斯对斯大林格勒发起了强烈的猛攻。

德军在向斯大林格勒进攻,在向高加索进攻。此时,斯大林的心情格外沉重,他在地图前注视着这片战火纷飞的区域。苏军目前只能防御,他们还没有做打击德国法西斯的准备。虽然斯大林有预备军队,但是那是在防御军队发生困难时才能使用的力量。

在斯大林的计划里,苏军新组建的军队是先不上战场的,后方休整、人员补充完整的师也要留到关键的时刻。到那时,他们就是一把利剑,一把惩罚之剑。这把剑将会给德军带去毁灭性的打击,将德军过长的战线拦腰截断,使战场的局势发生转变。

当初为了防止德军的空中打击,斯大林下令在乌拉尔地区建新的工厂,并将已有的军事工厂迁到那里。经过长时间的准备,那里的工厂已经能生产了,能给军队提供武器和弹药了。现在,苏军新组建军队的装备都是自己工厂生产的,而且要比以前的装备好很多。

与此同时,根据苏联和美国的协议,美国向苏联提供的援助也增加了。汽车、飞机、坦克都是援助内的物品,而且数量上也增加很多。至于前苏联在生活用品生产上遇到的困难,美国除了给予帮助解决外,还运来战时必备的生活品,包括鞋子和军服。当这些都已经实现以后,苏军才转入了进攻。

二战 士兵浪漫曲

苏联的军队自从双方交战以来就一直在撤退,有些地区也都被德军占领了。在德军的猛烈进攻下,苏联军队一直撤到了斯大林格勒,退守顿河下游。

当然,苏军的撤退不是因为打不过,而是战略上的撤退,在后方,他们加紧做着反击的准备工作。有人给希特勒递交了一份对苏军分析的报告,报告上明确说明了苏军的军队人数,可能布置的地点及根据人数推算出的苏军可能拥有坦克的数量。不过,独裁的希特勒根本就没有重视这份报告,认为这份报告中的内容是错误的,他坚定自己对苏军的想法。

德军陆军参谋总长则对这份报告很重视,一次偶然的机会,他向希特勒提出了自己的看法,并告诉希特勒,如果像报告中指出的那样,可以预见德军在将来会碰到的情形。可是希特勒独裁的性格让他听不进与他相悖的意见,陆军参谋总长的建议显然没有被采纳,而且还被认为是动摇军心,撤掉了陆军参谋总长的职务。希特勒不知道,德国陆军即将面临的处境不是撤掉陆军参谋总长就能解决的问题。

在德军进攻苏联前,希特勒也一直在想,是先攻占斯大林格勒,还是先夺取高加索油田,这两个地点可都关系到德军能否在战场上取得最后的胜利。德国陆军参谋总长和前线陆军军官们的建议是集中兵力,先夺取一个地点。希特勒否决了军官们的建议,追求胜利的想法已经侵蚀了他心中的理智,加上苏军在之前战场上的糟糕表现,他决定以德军的战力为筹码来上一场豪赌,下达了同时进攻这两个目标的命令。

事实证明,没有绝对把握的战略决策风险冒不得,这个大胆的决定让希特勒没过多久就尝到了苦果:进攻斯大林格勒德国军队失败了,这次失败已注定希特勒和他的第三帝国最终将走向毁灭。希特勒的决定就连一个外行人都能看出是错误的,德军的战线太长,补给物资供应不上去,苏军的顽强抵抗以及当地的天气情况,都会给长途作战的德军带来影响。德国军队面临着前所未有的考验。

8月的最后一天,希特勒给前线军队发来了作战命令,让高加索方面的军队集结所有的兵力,尽快拿到油田,同时第6军团和第4装甲军团开始进攻,夺取斯大林格勒后,再从东西两面向莫斯科进攻。希特勒对作战前景很是乐观,他似乎已经感觉到苏联是德国的囊中之物了。于是,他又把目光由苏联战场上重新转移到了英美方面,因为他相信只要德军在苏联战场上获胜,英美国家在感受到第三帝国的强大之后,必定会前来与之和谈。

可是,半个月过去了,苏联战场并没有传来希特勒盼望已久的消息,他部署的兵分两路的作战计划没有取得任何成效,德军在苏军的顽强抵抗下没有前进一步。面对毫无进展的陆军,希特勒不得不暂时丢下它而改为空中作战,但英勇的苏联人们没有被吓到,他们为了保卫家园,仍然在顽强地抵抗着。

此时,世界的目光都聚焦到了斯大林格勒,关注苏军能否守住这个城市。德军把大部分兵力都集中于此,包围了斯大林格勒,为了解除德军对斯大林格勒的包围,苏军也集中了兵力,准备对德军实行反包围。在战事前线的德军指挥官发现了苏军的意图,把这一情况及时的报告给了希特勒并请示他下一步作战计划。可是希特勒和他的最高统帅军官们并不认为苏军的这一行为对他们的计划会造成不良影响,指示下方指挥官还是按照原计划进攻。

战事发动不久,希特勒新任命的陆军参谋总长就接到了前线打来的加急电话,前苏联的一支装甲兵团已经突破了罗马尼亚第3军团的防线,而围在斯大林格勒南面的德军也被苏军猛烈攻击,防线也要守不住了。

德国陆军参谋总长根据前线发回的信息,对希特勒提出建议,让一部分部队暂时回撤协防战线薄弱部位。但是希特勒不同意,并告诉陆军参谋总长:德军不会离开伏尔加。

随后，希特勒命令由海姆将军指挥的后备第 48 坦克军投入到战斗中来，但这支军队并没有扭转局面，在几天之内就覆灭了。现在的希特勒已经十分清楚眼前所面临的危机，但是他仍不相信苏军的突破会引起进一步的严重后果，以为第 6 集团军一直能拖延到 12 月 12 日。

但他接到的都是前方失利的消息，这使他坐立不安并反复思索是否应早些放弃斯大林格勒？这关乎到德军在全世界的战略计划。如果德军从斯大林格勒撤军，那德军就将丧失在东线上取得的主动地位，而且德军在东方战场上的牺牲也没有了意义。

德军的进攻毫无成效，而前方的给养也出现了问题。凭借德国现有的条件，使用空军每天给军队运送物资根本就满足不了军队的需要，就算是德国空军具备了每天运输的条件，但是在恶劣的天气下，空投物资也并不是十分妥帖的方法。与其这样，还不如在地面上想办法解围。

为了解决斯大林格勒战场上的现实情况，希特勒任命冯·曼施坦因元帅为顿河集团军的司令。开始的时候，军队在冯·曼施坦因元帅的指挥下进行的还算顺利，可是到了 12 月下旬的时候，冯·曼施坦因元帅的军队受到了苏军的顽强抵抗，行进的速度很慢。一周之后，包围圈以外的塔青斯卡亚机场失陷，该机场对前线部队的空中补给起到了至关重要的作用。失陷所带来的后果是十分严重的，它使出入斯大林格勒的空中距离又增加了 100 公里。

在这种情况下，12 月 27 日，蔡茨勒向希特勒建议把驻扎在高加索的部队撤回来。希特勒再三考虑之后决定后撤。于是，克莱施特指挥军团不得不在即将抵达目的地的时候开始向后撤退了，他们没有完成原先定下的夺取油田的任务。

此时的米涅和德克已经参加了很多场战役了，米涅和之前被他视为情敌的德克成为了好朋友，确切地说，应该是共患难的好朋友。这要从那次后

二战浪漫曲

撒说起,当德军被苏联红军围困的时候,米涅和德克所在的部队在突围的时候遭到阻击。米涅和德克都受伤了,但是,面对逼近的苏军,受伤的德克不顾自身的伤势,奋力挽救已经昏迷的米涅。最后,米涅被抢救过来,德克的腿部落下了轻微的残疾。曾经想过要教训德克的米涅惭愧极了,在生死攸关之时是德克救了他。但是战争对他们的考验还远不止如此。

苏联红军已经做好了准备,到了反击时候,聚集在斯大林格勒的纳粹军队等来的是战斗的失败、是死亡,战场的局势已经发生了根本性的转变,巷战开始打响了。

面对德军的炮轰、空袭,许多工厂成了战场,许多房屋也成了堡垒,苏联人民背靠着伏尔加河,为他们的家园,用生命和鲜血使岌岌可危的斯大林格勒守军不断地得到补充,终于使他们转危为安,反败为胜。远在德国的希特勒给保卢斯发来了电报,让他进攻,不顾一切的进攻。但是希特勒不知道,在巷战中,他们已经耗尽了所有的预备军。

到了 1 月 24 日,德军仅有的阵地又被苏军从中间劈开了,防御阵地不连贯、空投物资受限等种种不利因素使德国军队很快被苏军包围了,苏军的条件是只要他们投降就不会枪杀他们。但是,纳粹元首发来的电报却是要这些德国士兵坚持防守,不许投降。

其实在这个时候,抵抗已经没有任何意义了,而且就凭德军士兵现在的状况也根本无法抵抗,只是在垂死挣扎,斯大林格勒前线的战局没有任何好转的希望。苏军的队伍已经开到城下,米涅和德克所在的连队还在抵抗着。加上冬天的寒冷,这对于米涅和德克来说更是苦不堪言。恶劣的天气,低迷的情绪,让他们看不到希望。能保暖的棉衣、能果腹的粮食、能使用的子弹他们都没有,甚至连能救命的药品都没有了,他们离死亡是那么的近。

对于他们的负隅顽抗,苏军已没有太多的耐心,在空中盘旋的苏军飞机不时向德军抛下几枚炸弹,所到之处皆是伤亡,而米涅和德克在炮弹的轰炸下也没有幸免,在第二次苏军投射炸弹的时候,米涅背部受伤了,而在离他不远的德克此时已经失去了知觉,米涅忍着疼痛爬到德克的身边,这才发现德克已经牺牲了。任凭米涅怎么呼喊他的名字,他都没有回应了。伤心欲绝的他此刻对战争的怨恨已达到了无以复加的程度,而此时,死亡正朝着米涅一步步走来。

面对苏军的火力猛攻,德军士兵已经开始向后撤退。米涅不想死在这里,他要回国,他想见见米莉亚。想到这里,他挣扎着想爬起来,可是他怎么也站不起来。每动一下,背部的伤口就剧烈地疼痛起来。

米涅向经过他身边的一位德军长官伸出了手,说:"求求你了,把我也带走吧,我要去见我的心上人米莉亚,她在国内。"那位德军的长官没有搭理米涅,用看死人的眼光看了他一眼,转身就走了。其他的士兵也从米涅身边纷纷的走过,或许是战争使他们麻木地看待死亡,面对受伤的米涅,他们只是流露出同情却无能为力的眼神,随后便走开了。

德军的部队在败退,士兵们只能自己顾自己。米涅知道,在这样的情况,不会有人伸出援手,带他回国。他趴在冰冷的雪地上,绝望的看着身边撤退的士兵,等候着自己最终的时刻。望着眼前一块没有被人踩踏过的白雪,米涅仿佛回到了当初和米莉亚一起在校园里的日子,那时,他们是多么的快乐,他们一起畅谈人生理想,一起描绘美好的未来。阅读着普希金的诗句来互换彼此潜在的爱语私言。曾经的美好不断地在米涅的脑海中闪现,此时的他已经感觉不到后背的疼痛了,几乎被冻僵的他就连视线也渐渐的模糊了。米涅仿佛看见死神在向他招手,他的意识开始模糊,随后慢慢地闭上了双眼。恍惚中,米涅仿佛听见了米莉亚的清脆悦耳的笑声,还有她朗朗的读诗声,那首《冬天的道路》在他的耳边不停的回荡着。米涅睁开了双眼,

二战浪漫曲

向四周看了看,没有米莉亚的身影,只是幻觉。

米涅突然意识到他还不能死,因为他的心里还牵挂着米莉亚。这种爱意瞬间在他的心中滋长,他要为爱的人留下点什么。在这最后的时刻,我要写封信,让看到这封信的人知道我真的很爱米莉亚。米涅想到这里,就在身上找了起来,他想找到一张纸,但现在看来几乎是不可能的事,就在他绝望的时候,还没有燃烧尽的纸,米涅如获珍宝般的捡了起来,掏出钢笔,在纸上写了起来。

"我最亲爱的米莉亚:现在我想和你说些什么,但是思绪又有一些混乱,可是不说的话,就没有时间说了,到了天上我就更没有办法把我的想法告诉你了。在读书的时候,我一直很爱你!我快死了,以后我再也看不到你那金黄色的长发、美丽的大眼睛,也听不到你那优美的声音了。我想见到你,我现在后悔当初为什么不向你表白,即使遭到你的拒绝我也无悔。

"战争真是太残忍了,德克的命已经葬送在了这场战争中,死神的镰刀在飞快旋转着,收缴着士兵的生命,他离我越来越近了,马上就要收缴到我的生命了。残酷的战争埋葬了我们年轻人的幸福,我不再相信为德意志而战的鬼话了。现在,我只想让你知道,我是那么得爱你!你从来就不知道我对你的爱,可是我确实是深深的爱着你。我想活下去,活着告诉你,我爱你!在打仗休息的时间里,我的脑海里一直都在想像着,我向你求婚的片段,可是已经没有那一天了。

"现在,没有人知道我后悔的心情,我为什么不把我的生命交给你,为什么要让战争把我的生命夺去。我在想着你会想我么,虽然不知道你是否会想我,但是我要告诉你,我想你。从我离开你的那一刻开始,我就一直在想着你。现在我还在想像,你以后的结婚对象是什么样子的呢,你以后的日子会过得怎么样呢? 其实,只要你幸福,我在天上也会很开心的。

"没有药品,我的伤口没有包扎,真的是痛极了! 这疼痛感让我想起你给我包扎的事情。那还是在校园的时候,我被刀划伤了,你拿出了药品,仔细地给我包扎,可是现在这都是奢望了。部队走了,苏联人来到了这片战场,他们已经离我很近了,他们看见我了,我没有时间了。上天呀! 能不能让我把话说完,让我的心上人知道我的爱。米莉亚,我先走了,我会在天上等你,不管多长时间,我会等到你来,到那时我再跟你求婚,把我活着时没说口的话告诉你!

"我已经能看到,他们的枪口已经对准了我,永别了,我的心上人,我永远爱你!"

一个苏联士兵发现了米涅,米涅无法正视他们仇恨的目光,只是用双手把信举过头顶。那个苏联士兵瞪着他,用枪口对准了米涅,回头对其他搜索的人说:"这有一个活着的德国鬼子,我来结果掉这家伙。"随后一声枪响,米涅那举着信的手臂突然垂了下来,他的生命就这样被结束了。

这个苏联士兵看见已经死去的米涅手里还紧紧地攥着一封信,便上前一把扯了出来,然后交给了会德语的班长。那名班长仔细的看了信,之后把信叠了起来,对士兵说:"这封信很重要,我要把信送到司令部给司令官看,你们继续打扫战场。"

班长把信交给了上级长官,上级长官很重视,通过层层转送,米涅的那封信很快地就到了司令部。朱可夫元帅看了这封信,沉默了片刻,对身边的人说:"这场战争不知道让多少人丢掉了性命,让多少人没有了家园,没有了亲人,他们的爱情也被战火摧毁了。我们应该记住战争带来的教训! "

朱可夫身边的点头,问:"那元帅,这封信该怎么办? 是想办法送到米莉亚手中,还是留在咱们这里? "

朱可夫叹了口气,说:"把这封信留下吧,包好,送到国家档案局。"

一天之后，被围困的德国部队便举了白旗，投降了。德国部队的士兵知道远在柏林的最高统帅是不会接受他们投降这个结果的，就给最高统帅发了电报说：己方面对比自己强很多的敌人一直在战斗，直到战斗到最后一人。电报的结尾像往常一样，打出了"德国万岁"的字样。

天寒地冻，血肉纷飞的战场终于平静下来了，但是代价却是惨重的。几天之后，为了侦察战场的实际情况，德国派出了一架侦察机。侦察机在城市的上空飞了几圈后，给德国总部发回电报：斯大林格勒一片平静，已经没有战斗迹象。

斯大林格勒战役以德国失败而结束，对德国军人来说，那段与苏联红军对峙、战斗的日子简直就像噩梦一样。战斗结束后，第6集团军还活着的士兵都成为了苏联红军的俘虏，包括军团总司令保卢斯及其他将军。整个战役，希特勒在这一片地区损失100多万人。对于希特勒来说，这一切都是一场梦，他的计划已经被打乱了。但是为了安慰德国军营上下，德军最高统帅部发布了一项特别公报：

保卢斯元帅及其麾下统领的第6集团军，在斯大林格勒的战役中履行了他们的誓言，面对占有优势的敌人，不利于我军的条件，他们勇敢的战斗到最后一个人，直到斯大林格勒战役结束。

公报内容写得简短而深刻，肃穆庄重的播音语调也让人们确认这支队伍里的官兵们都已经壮烈殉职了，而事实上，放弃了抵抗缴枪投降的保卢斯等人此刻正在苏军的战俘营里苟且地活着。

为了表示对死去士兵的哀悼，希特勒向全国发出了命令：国内人民志哀4天，这4天一切活动都取消。为了显示自己的悲痛，希特勒还对其他人说："他以后不再任命陆军元帅了"。这些事情恰恰反映出了希特勒的狼狈，不得不接受的现实让他很难受，但是他没有想到的是，在以后的日子里，让

二战 士兵浪漫曲

他痛心的事情是一件接着一件，直到法西斯的灭亡。

希特勒在让士兵进攻斯大林格勒时不知道，等待他的是他发动战争以来，一次最大的失败。德军失去了在苏德战场上的优势，从战略进攻变为战略防守，甚至是撤退。斯大林格勒战役的胜利，让苏军有了战略主动权，苏军从此开始由防守转为反攻。而苏德战场上战略形势的扭转，也象征着整个第二次世界大战的主动权开始向反法西斯阵营转移了。

斯大林格勒会战结束后，整个世界也开始改变了，希特勒带着他的梦想，唱着他的悲歌，带着他的第三帝国走向了末日。

记忆与战斗，却是令人难忘的。战争埋葬了人们的家园、生命以及他们那真挚的爱情。那些为了国家奔赴战场的年轻人们到死的那一刻依然想念着心上人。是战争让他们饱受生离死别的痛楚；是战争使他们永远不能再相见了。关于战争，人们想说的太多，而关于战争中那些艰辛的爱情，有太多的人为此洒下酸楚的泪水。有的人的爱情和生命刻在了墓碑上，可有谁又会知道那些没有写在墓碑上的爱情和生命呢！

二战结束了，米涅写给米莉亚的这封信在档案局存放了很长时间。直到1993年苏联解体这份存档才被解密。一位德国记者想帮助米涅完成这个未完的心愿。后来，他历经辗转，终于把这封情书带回德国交给了米莉亚。

此时的米莉亚已经是年逾古稀的老人了，听完记者的介绍，泪流满面，当她接过那份来自战场上的信时，更是泣不成声。她告诉记者："当年的我们正是风华正茂的年纪，我们谈理想，谈学业，可我从来都不知道米涅是这么的爱我！如果我知道的话，我一定会嫁给他，哪怕他死了也一样。可是，这一切都不能重来了！"

记者走后，米莉亚仔细地把这封情书放好，她的耳畔响起米涅在那场初雪之后朗诵诗歌：《我曾经爱过你》。

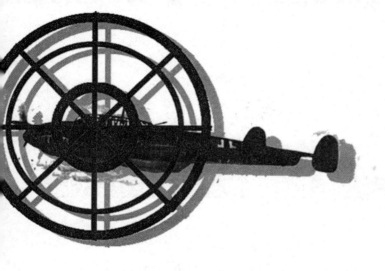

胜利之吻

胜利之吻

　　当历史的时间进入到1945年的时候，席卷全世界的第二次世界大战战果已定。墨索里尼和克拉拉·贝塔西在逃亡过程中被抓获，人们在听见墨索里尼被抓到时都奔走相告，第二天一早，人们就都聚集在米兰广场上，等候对墨索里尼的审判。墨索里尼和他的情人一起被带到了台上，他们被处决了，并且尸体要放在米兰广场上示众，让从远地方来的人们看到法西斯头子的下场。法西斯一败涂地，在墨索里尼死后，希特勒为了他的帝国荣誉，带着爱娃自杀了。他知道自己的罪孽是不会有人原谅的，他怕自己会和墨索里尼一样，尸体会被愤怒地人们鞭笞。于是他在死之前，就让他忠实的追随者在他死后烧掉他的尸体。他没有想过，即便是没有尸体，渴望和平的人们还是会唾骂他。

　　1945年5月，伴随着德国和日本等发动战争的国家宣布投降，历时6年之久的第二次世界大战宣告结束了。从这时开始，全世界作为战胜国国家的人民都在欢呼雀跃，而作为战败国一方的百姓们也不见得就垂头丧气。无论谁胜谁负，毕竟战争的结束对他们来说就是一件好事。世界各地都在举行着各种庆祝活动，而著名的"胜利之吻"正是发生在二战结束后的美国。

　　在纽约的街头和广场上，人们都处于一种极度亢奋的状态，彼此素不相识的两个人也可以抱在一起互相亲吻。在这个思想高度开放的国度里，亲吻从来就被当作一种礼节或庆祝胜利的方式，没有人会觉得这是对自身的不敬和对他人尊严的亵渎。

卡尔·穆斯卡莱洛是一名美国水兵,二战结束的这一年,他才18岁,但是他也参加过不少的战斗。当他得知战争结束的消息后,很高兴,因为可以回家看望母亲了。他的母亲在纽约市的一处街区居住,他邀请一位要好的战友一起回家。当他们走过时代广场的时候,马上被眼前的活动吸引了,他看见一对对男女做着疯狂的举动,穆斯卡莱洛和他的战友也很快加入了进去。

在人潮汹涌的时代广场上,只要身边有人,穆斯卡莱洛就和对方亲吻,当然有男的,也有女的。人们都沉浸在胜利的喜悦当中,没有一个人是扭捏的,他们只把它当成是一种庆祝胜利的方式,而没有其他的成分。一位名叫阿尔佛雷德·艾森斯塔德的记者拿着照相机,刚好将这名穿着水兵制服的青年亲吻一名护士的场景拍摄下来,这就是"胜利之吻"。

两个星期后的一天,穆斯卡莱洛的母亲照例去医院定期检查身体。在等待医生检查的时候,穆斯卡莱洛的母亲翻起了医生为等候检查患者准备的杂志。巧合的是,穆斯卡莱洛的母亲看的这本杂志正是两星期前的那本美国《生活》杂志,而这本杂志的封面上就刊登了"胜利之吻"照片。照片的效果不是很好,可能是距离较远的关系,水兵的面孔不是很清晰。可是孩子是母亲的心头肉,没有一个母亲会认不出自己的孩子。那水兵手臂上胎记就足以证明他就是自己的儿子。看完后,穆斯卡莱洛的母亲很生气,即使她的儿子已经凭借着这张照片成了"名人"。

"你怎么可以在广场上随便亲吻一个不认识的女人,你难道不知道这样是会得病的吗?"这是穆斯卡莱洛的母亲回家后质问他的第一句话。这位母亲的担忧真是让人哭笑不得。穆斯卡莱洛不以为意地笑了笑说:"妈妈,您太严肃了。她不是什么随便的女人,她是一名护士,您从照片上没有看出来吗?"但穆斯卡莱洛的母亲却说:"天呀!护士每天需要照看大量的病人,那接触的细菌就更多了,那不是更不安全了吗?穆斯卡莱洛,要不你去检查一下身体吧!"这些话让穆斯卡莱洛显得无可奈何,他的母亲总是这样谨慎地照顾他。

照片中的女护士名叫艾迪丝·路沙恩。据艾迪丝称,战争结束的那一年她才 27 岁,但是已经结婚了。为了庆祝战争的结束,她和朋友们来到了广场。当时大家的心情都很激动,她根本就不知道自己被拍照了,直到杂志上刊登出来,才发现照片上的女子是自己。她没有把杂志上的人物是自己事情说出去,只是和往常一样,过着平静的生活。后来她同丈夫一起搬去了加利福尼亚州生活,这件事也就一直被搁置了。

直到 1979 年,艾迪丝受到丈夫的鼓励,给摄影师写了一封信,说出自己是"胜利之吻"中那名护士。其实自从照片被刊登后,阿尔佛雷德就一直期待着照片中的女护士和水兵能够主动联系自己,可是等了这么多年都没有任何消息。当阿尔佛雷德收到这封信后,马上赶到了加利佛尼亚前来拜访艾迪丝。找到并确认了照片中的女主角之后,在高兴之余却又想着那名男主角一直杳无音讯,但是阿尔佛雷德并没有放弃对他的查找。

穆斯卡莱洛在战争结束后就从部队退役了,他在纽约警察局找到了一份工作,他很热爱这份工作,一直干到了退休。退休后,穆斯卡莱洛把家搬到了佛罗里达州。在他看来,佛罗里达州环境优美,人们很热情,而且没有快节奏的生活步伐,那里更适合像他这样的年纪的人生活。不管在哪里穆斯卡莱洛从来没有说过当年"胜利之吻"中水兵就是自己,他根本就没有想过要对此事宣扬。

可是,在穆斯卡莱洛的朋友中,有一位是知道这件事的,他不住地劝说穆斯卡莱洛,要穆斯卡莱洛去承认这件事,这样就会有大笔的钱了。穆斯卡莱洛拒绝了朋友的建议,因为在他的心里,他是幸运的,毕竟他是从二战那残酷的战场上活着下来的。如果这张"胜利之吻"的照片能让他得到大笔的钱,那些钱就是对在战争中死去士兵们的亵渎。而且如果他承认了,可能会给照片中的女护士带来些不必要的麻烦。

　　其实,在此期间,已经有很多的人说自己就是那个水兵,不管他们是出于什么目的,这都给穆斯卡莱洛造成了很大的困扰,因为他才是真正的男主角。

　　穆斯卡莱洛这位热情的好友,终于还是没有控制住,在第二年的某一天里,悄悄地与照片中的女主角艾迪丝取得了联系,很快艾迪丝就主动地给穆斯卡莱洛打来了电话。最近几年,艾迪丝已经饱受了那些自称是"胜利之吻"中水兵者的打扰,所以这次艾迪丝很是小心,因为他担心这个人跟其他冒充水兵的人一样是个假的。

　　穆斯卡莱洛接到了艾迪丝的电话,他们在电话里谈了很长时间。为了验证穆斯卡莱洛是否是照片中的水兵,艾迪丝问了很多问题。

　　艾迪丝说:"那庆祝战争结束的那天,我在你吻我之后,把电话号码给你了,我怎么一次也没接到过你的电话?"

　　穆斯卡莱洛听见艾迪丝这么说,就在电话里笑了,说:"尊敬的女士,我很确定那天你没有把你的电话号码留给我。"

　　"可是,那我们在晚上也一起吃饭了,还是你去我家接的我呢。你还记得是在什么地方吃的饭么?"艾迪丝接着问。

　　穆斯卡莱洛没有一丝犹豫地说:"我们根本就一起吃过饭,尊敬的女士,如果可以我们以后或许能一起吃次饭。"

　　对于与穆斯卡莱洛的谈话,艾迪丝很满意,她最后终于确定:穆斯卡莱洛才是那个水兵。

　　穆斯卡莱洛与艾迪丝的重逢是个奇迹,也引来了很多媒体的关注。他们都想知道,这对曾有过"胜利之吻"的两个人接下来是否会发生什么浪漫故事。可是不是每个故事都有浪漫的结局，据穆斯卡莱洛透露，在媒体的苦苦追问下，穆斯卡莱洛告诉媒体，他们只是在当年的广场上，模仿当年的情形，重新拍了这个具有历史意义的街头之吻，仅此而已。穆斯卡莱洛说，他们有各自的家庭，他生活得很幸福，艾迪丝生活的也很幸福，幸福不一定是要在一起。

此前，也有媒体曾问过艾迪丝为什么没有拒绝与一位陌生的水兵亲吻的问题时，艾迪丝的回答让很多人都为之佩服。她说："他是一个陌生人，但是他曾用鲜血保卫了我们这个国家和我们的安全，为此我愿意与他亲吻，虽然我们并不认识。"

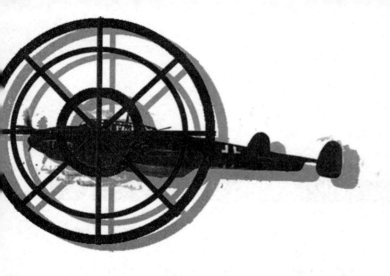

战火下消逝的爱情

战火下消逝的爱情

英国的 11 月，无疑是个美丽的季节，罂粟花瓣飘满了城市的大街小巷。这种花的外表不若果实那般恶毒，柔柔美美，在瑟瑟冷风中，用朵朵的鲜艳来纪念那些在二战中曾用生命和青春守护这个国家的人们。

玛格丽特是个很可爱的老太太，84 岁了，还是那么的活跃和富有表演能力。她常常笑着对她的一群老朋友说，"我的全身都在衰老和退化，可是我的大脑永远都不会老化。"说完还会流露出一些自鸣得意。但是这样的话绝对不是夸耀或空谈，只需要看一眼你就会知道，这不是一位平凡的老太太。她是一个浑身上下都充满故事的人。

正如她的外表透露给人的感觉一样，玛格丽特是个幽默十足又爱讲故事的老太太，她到哪里，她的故事就会跟到哪里。当然也总有一些爱听故事的人，会将这些故事记录下来。她的故事里充满了关于那个远去年代英国的是是非非，我们不熟悉，却能深深吸引我们。

某一天，玛格丽特所在的老年活动中心来了一位帅气的小伙子。活动中心的负责人将他介绍给了老人们，"这位叫马克，别看他年轻，他可是位出色的编辑。马克最近有个新创意，需要我们帮忙，他要搜集一些关于二战中的故事。我想，在座的很多位都曾经历过那场战争，请各位给他讲讲吧。"说罢，负责人看了看玛格丽特，笑着说："玛格丽特夫人，您是最会说故事的人了，我想马克先生找您是准不会错的吧？"说完，将马克指引到玛格丽特的身边后就走了。

二战浪漫曲

马克来到玛格丽特对面坐下了。他看起来真是个不错的小伙子,衣着干净、整洁,最重要的是他的眼睛里透露着真诚,这是一种魔力。玛格丽特从第一眼看到这位年轻人,就愿意与他交谈。

马克看着这位满脸笑容的老太太,先介绍说:"您好,玛格丽特太太,我是马克。"

"你好,马克!你想聊聊二战是吗?"玛格丽特拉长着嗓音儿,亲切地问。

"如果您愿意,那当然好。"马克不想勉强这位老人,毕竟那并不是一段愉快和轻松的历史,对于经历过的人来说更是残酷。

"那好!我们从哪里开始呢?你的家人中有参加过二战的吗?像你祖父那个年纪的人应该经历过吧。"玛格丽特在想要先从哪里开始说呢?她需要时间来整理一下,人老了就是老了,这一点不承认是不行的。

"对,没错,我的祖父在二战中曾是一个间谍,可惜他现在已经不在了。所以我很难从他那里知道更详细的故事,但是我已经觉得很传奇了,自己的亲人曾经做过如此刺激的工作。一些看起来杂乱无章的摩斯电码经他一整理,就能变成有用的讯息,这让我感觉很神奇"。

玛格丽特笑了笑,"对啊!那个年代的很多事情现在的人都很难想象得到。你看!",玛格丽特用手指了指旁边隔三张桌子一位正在打牌的、看起来弱不禁风的老太太说:"她就参加过二战,你能看出来吗?"

马克扭头,顺着玛格丽特手指的方向望去,那么瘦小的人,很难看出她曾参加过如此激烈的战争。马克摇着头说:"难以置信。"

玛格丽特非常笃定地说:"她的确参加了。二战的时候,英国人口不多,即使所有成年男子都去参加战争也还是不够,所以大部分的女性也都是参战的。她们有的在后方做支援,也有奔赴前线的。"玛格丽特顿了顿,接着又神秘地问:"你再猜一下,这个小小的哈比族老太太在战时是

二战 士兵浪漫曲

135

干什么的？"

马克摇摇头，他猜不出，但是他从玛格丽特特殊的表情中可以确定，她做的一定是出人意料的工作。

玛格丽特一副我就知道你猜不到的表情继续说："她在当年的最前线，专门扫射敌人轰炸机的。我们认识很久了，久得我已经记不清有多少年了。对于她的故事我知道的非常清楚。"

马克期盼着她能继续说下去，他想知道每一个与二战有关的故事。"那能请您讲讲吧？我很想知道关于这位女机枪手的故事。"

"好的，难得遇到这么喜欢听故事的人。"玛格丽特顿了一下，喝了口茶，调整了一个舒服的坐姿。她得准备好，这可是个很长的故事，她可不想讲完后又渴又累的。

"这位哈比族的老太太叫维塔斯，出生在不错的家庭里，他的父亲是个小生意者，在她上面有 3 个哥哥。那时候她可是家里的公主，父亲宠着，哥哥们护着。大战一开始，她的哥哥们就背着家里偷偷地去了战场，参加了战争。"玛格丽特陷入了对往事的回忆中，她不再笑呵呵地了，表情开始严肃起来。当然在回忆那段历史的时候，任谁都无法喜笑颜开。

"1940 年，那时候二战开始还不到一年，法国、荷兰、比利时是最先成为德国进攻目标的。德军一路长驱直入，几天的时间，他们就突破了马斯河防线，这将直接威胁到法国和英吉利海峡。"

"我们国家也派出了 10 个战斗机中队同法国部队共同对抗德军，维塔斯的 3 个哥哥都在这里面。德军的地面火力十分强大，但是为了不让自己的国家被法西斯的铁蹄践踏，英军和法军的飞机明知道前面是有去无回，他们还是奔着德军的炮火飞去。混战整整持续了一天，到夜幕降临的时候，英法的飞机已经所剩无几了，她的 3 个哥哥竟然没有一个活着回来的。"说

二战浪漫曲

到这里，玛格丽特表情更加沉重起来。让这样一位84岁的老太太去回忆那段惨痛的历史，马克突然觉得自己有些残忍。

"玛格丽特太太，您没事吧？如果您觉得太伤心，我们可以停下来。"马克有些不忍了。

"没关系，我是个感情很丰富的人，说到伤心处的时候，我总是喜欢这样。"玛格丽特又恢复了她的笑容，可是那抹笑容里却有丝丝苦涩。

"当维塔斯的父母得知这个消息后，一下子就昏厥过去了。一下子失去3个儿子，任谁也是受不了的。别看维塔斯在家里是个小姐，可是她的性格却像男孩子一样。3个哥哥都不在了，父母对她的看管变得很严，可是她还是留下一封信后，偷偷地溜去报名参加了女兵，而且主动要求到哥哥们曾经战斗过的地方——法国，那时的法国已经沦陷并宣布投降了。她的勇气是很多男人也比不了的，所以我愿意跟她交往。由于她性格刚硬，关于她的男友，我还曾建议她要找个性格温顺的，否则你们要每天练对打的。"说到这儿，玛格丽特忍不住哈哈大笑起来。

"那时的法国局势非常不妙，英法空军已经不敢在白天行动了，只能在夜间升空，这样才能避其锋芒，德国人顺应着局势，把制空权牢牢地攥在了手里。维塔斯选择了连男人都做不来的兵种，机枪手，听起来很帅，很刺激。可是你想象手握着那么重的机枪向天空扫射，子弹不断地从枪膛蹦出，伴随着的震动会让你虎口发麻。这样的战斗，维塔斯持续到二战结束，才回到英国。"

"回到英国后，他的爸爸气坏了，可是总会有那么一点点儿骄傲的。你会想，这样一位强悍的女子，难保不会有一段自己私下里的爱情故事，尽管在战争中，但是战场上生死与共的情感才更显得让人羡慕，那才正常，对不对？"玛格丽特闪动着调皮的目光，问马克。

"应该会有吧！"马克推测着说。

"可是很奇怪,她在战争中没有爱情故事。我猜想可能是拿机枪扫射的姿势把男士兵们都吓跑了。后来她竟然嫁给了一个老实巴交的小生意人,像她爸爸一样,听说两个人生活得也很幸福。"说完,玛格丽特又将目光转向了一边正玩得起兴的维塔斯,她好像赢了,显得很兴奋。完全看不出来,这样一个普通的老太太身上会经历那样的故事。

玛格丽特又转向另一个方向,"看那边,头发银白,穿粉色外套的老太太,她叫维多利亚,也参加过二战。"

马克看着那个满头银发的老太太,非常普通,看起来很不起眼的。

"你猜她为什么参加二战?"玛格丽特的目光又变得调皮起来。

马克决定陪着这位可爱的老太太一起玩儿,他故作认真地想了一会儿,"我想,她想交男朋友,而军队的人最多。"说罢,哈哈大笑起来。

"马克,你真是个很不错的小伙子,还愿意同我这个老太太讲笑话。如果我倒退到同你一样的年龄,我一定主动追求你。"说完后,玛格丽特又忍不住笑起来,她的话反而让马克不好意思起来。

玛格丽特虽然笑盈盈地说了这句玩笑,其实在她的心里充满了感激,经历过那场战争并且成功存活下来的人,总是很容易就对万物抱有感激之心。玛格丽特顿了顿,接着说:"可是,很遗憾维多利亚不是因为那个才参军的。其实她的理由很简单,因为军队可以让她吃得饱,穿得暖,还不会有人无端地殴打她。"这个原因马克真是想破头皮都想不到,怎么会有人因为这些而去战场送死。"这究竟是怎么一回事,太让人无法理解了!"

玛格丽特朝维多利亚的方向看了一眼,准备说出她的故事。恰巧维多利亚也在看她,她们互相笑了笑,用眼神打了个招呼。玛格丽特转回头继续说："维多利亚的父亲是个赌徒加酒鬼，每天不是赌得昏天黑地，就是喝得烂醉如泥。她和她的妈妈每天都辛苦地工作，可是仍然食不果腹，还要承受来自她父亲的毒打与责骂。那时候的女人是没有地位的，可不像现在。"玛格丽特轻笑了一声。

"所以维多利亚选择了去战场，至少那里可以有免费的饭吃。二战的时候，她参加的是海军，而且还在菲利普亲王的舰上，因此她知道很多关于菲利普亲王和女王的事。她常常把那些事当成笑话讲给我们听。"

"当时伊丽莎白女王形容菲利普亲王是北欧海盗，因为菲利普亲王的脸型轮廓分明，很有立体感，而他那双蓝眼睛会不时地闪出敏锐地光芒。据说，伊丽莎白女王和菲利普亲王在第一次见面时，就互相有好感，以后他们一直通过书信谈恋爱。"

虽然是一位亲王，但是菲利普亲王没有呆在城堡里等着士兵的保卫，而是亲自在'拉米雷斯'号战列舰上参加战斗，后来菲利普亲王又去另一艘战列舰上服役了。据说他在战斗中非常勇敢，而且表现得相当机智，他常常得到他所在舰艇舰长的赞赏。我想这些你都听说过吧？"玛格丽特问。马克点点头，"我在报纸和杂志上曾读到过菲利普亲王的英勇事迹。可是除此之外我想应该还有很多更有趣的事吧？玛格丽特太太您一定知道的。"马克有点儿近乎于讨好地说。

玛格丽特很喜欢这个做事认真又敬业的小伙子，打算尽量满足他的好奇心。"当然，你问玛格丽特太太就算是问对人了。维多利亚说，菲利普亲王是个阴郁和很难取悦的人。那时候她们办公室里有几个女孩子一起工作，菲利普亲王在需要人帮忙的时候总是摇铃。她们都怕极了那个声音，每次铃响的时候谁都不愿意去，总是推来推去的。——这次该你去了，我上次刚刚去了。——明明就应该轮到你了。——我不去，还是你去吧……维多利亚跟我们描述的时候，甚至把被菲利普亲王叫去说成是上刑，惹得我们在一起哈哈大笑。"回忆起当时，玛格丽特仍然忍不住笑了几声。

虽然同玛格丽特交谈的时间并不长，可是从她的言谈举止中马克可以深深地感觉到她是一个多么乐观的人。经历过那样一场灾难性的战争，对它的破坏性和毁灭性却只字不提，只是叙述一些战争过程中的趣闻。马克为眼前的这位老太太深深动容了。玛格丽特止住了笑声，稍稍顿了一下，好像在思考接下来该说什么。马克可以明显地感觉出她在犹豫，这勾起了马克的好奇心。

马克故意问："玛格丽特太太，我们接下来讲什么呢？对了，说了这么长时间，我都不知道您在二战的时候是做什么的，说说您自己可以吗？"

"我的朋友们也常常问我'那时候你做什么？'我总是告诉他们我跳舞。那时候英国有很多舞场，跳舞是战时的主要娱乐。其实，我是个电报员，打摩斯码的那种。我现在还清楚地记得，——答——答答答。"玛格丽特边说，边用手在桌子上打着节奏。

"不知道是因为战争，还是因为时代久远的关系，我觉得这个工作也很酷。"玛格丽特颇感自豪地说，"我为很多指挥官发过电报，但是那些内容现在大多已经不记得了。"

"想想那个时候，我的工作还是挺有意思的。很多作战计划对别人都能保密，可是唯独无法对我们这些电报员保密。想想这些就很开心。晚上下了班，我们很多年轻人都去跳舞。那时候在我们受训的地方，还有很多美国兵和波兰兵，他们都很爱请我跳舞。可是那时候绝大多数的英国淑女们都很怕和美国兵交往，因为美国人的观念太开放，也太随便了。"玛格丽特停了一下，她在思考如何继续下面的内容。

"当时有个美国兵叫亨利，我拒绝了他很多次，可是他还是执意要请我跳舞。后来当他想要送我回家的时候，我断然地拒绝了他。没想到这个执著的美国兵竟然在第二天早上出现在了我的住处门口，他仍然要约我出去。原来这个锲而不舍的家伙前一天晚上就悄悄地尾随在我的后边，探好了地方。"说到这里玛格丽特苦笑了一下，显得很无奈。

"我当然不想同他出去，所以就慌乱地找了一个借口，说我的衣服都洗了，现在没有可以穿的衣服。可是没想到和我同住的两个女孩儿从中起哄，她们联合起来出卖我，说可以将衣服借给我，还拼命地在一旁叫我跟他出去。没有办法，不能让自己跟亨利一直在门口僵持着，我只好跟亨利约会了一天。"

"那时候，四处都是战火纷飞，我们却显示出了难得的惬意。吃饭，看电影是那时很流行的约会、消遣方式，于是我们也跟大家一样，除此之外，还坐在露天的咖啡屋里喝咖啡。我们不讨论政治和局势问题，只说家庭和人生，那天我们过得很开心。其实亨利是个好男孩儿，从那天开始我们正式进行交往了。"

"人真是很奇怪，常常可以一起经历最困难的时刻，却无法共同享受安逸的生活。在二战期间，我们都有各自的工作要做，有各自的任务要完成，可是我们仍然保持着紧密的联系。"此时的玛格丽特的表情显得特别地专注，显然她已经完全陷入了对往事的回忆当中。

马克静静地坐着，侧头凝神地听着，他尽量不插话，也不去打扰她。

"1943 年 6 月，亨利所在的部队离开了受训地前往西西里参加登陆作战。我们都对这次作战的情况一无所知，我很担心他。可是亨利自己却总是那么的乐观，他的笑容里永远都充满阳光，能让身边的人感到温暖。他叫我不要担心，他说他会平安回来，因为他还要带我回他的故乡田纳西，

二战士兵浪漫曲

让我看看脱掉军装，牛仔打扮样子的他。他还说我一定会迷上他，就这样，亨利走了。"

"至于西西里岛那场战役，我记得不是很清楚，只是从发回的电报里能够多少拼凑一些当时的情况。美军的部队加入登陆部队后开始战斗，可是战况并不好。一个参战的空降师里有5000多人，可后来剩下还不到3000人，可谓元气大伤，不得不撤离前线休整。我不知道亨利是不是就在这支参战部队中，我只知道我每天都是提心吊胆，担惊受怕的。那时，我突然意识到，亨利已经走进了我的心里。"

"在后来，巴顿将军又组织部队进行登陆。虽然在这个过程中也不断遭到德意联军的阻碍，在盟军的强大压力下，军队还是被赶出了西西里岛。美军的先遣队进入了墨西拿。随后盟军其他国家也相继进入西西里岛。这场登陆作战一直持续了两个多月，这两个月里我都没有亨利的消息，我不知道他的情况怎么样，那样的状况让我很不安。可是我知道我唯一能做的就是安静地等待。"

"终于从前方传回的电报中得知，西西里岛登陆盟军胜利了，我稍稍放下了一点心，然后接下来的时间我一直在等待。终于战役结束后的一个星期，我收到了亨利的来信。当这封信几经周折，送到我手中时，你可能无法想像我有多激动，我的手在不停地颤抖，原来我竟然那么深深地爱着亨利。在信中，他告诉我不要为他担心，他很好，而且在战斗中毫发无伤。接下来他们还要参加其他的战斗，他可能不能及时地给我写信报告他的状况，但是他会尽力保护自己的安全，还是叫我不要担心。"

"不久，美国第二军受命向东突进。两天后，美军收复了圣斯特凡诺和尼科西亚，而阿吉拉则是加拿大师收复的，加拿大师是从南面攻击的。说实话，那时我虽然参军，但是我对于战争的局势问题并不太关心，我只是觉得做一个女兵很帅气就单纯地加入了。可是自从亨利去了前线后,我开始很关心战事的发展,因为我想从中判断亨利的安危。"

"那时的轴心国家已经明显地显得力不从心了。意大利人民的反战情绪越来越高,墨索里尼的统治变得摇摇欲坠,最终,他走上了断头台,因此德军不得不靠自己来持续这场战斗。"

"接下来的战斗,同盟国都打得很顺手,虽然也会有一些小的失败,但是总体上是胜利的,战争的结果也越来越明朗了。亨利在前线相当长的一段时间里,我们仍然保持着联系,他会让我随时了解他的状况,我才能放心。"

"战争终于结束了!"玛格丽特长长地舒了一口气,仿佛压抑了很久的情绪此刻才得以舒展开来。

"亨利呢?您和亨利怎么样了?"马克急切地问,他害怕玛格丽特就此打住自己的话题。

玛格丽特看了看马克,年轻人就是沉不住气。她不喜欢吊人胃口,更不喜欢在关键时刻掐人脖子,于是继续说了下去,"亨利随着部队直接返回了美国,因为他们已经没有再来英国的必要了。回到了家的亨利很快就给我来了一封信,还寄来了一些照片,他希望我可以到美国去。"

"照片里是一望无际的田纳西的农场,草儿清脆,牛羊成群。牛仔打扮的亨利和他的兄弟们搂抱在一起,灿烂地笑着,那笑容就像五六月份的阳光一样暖洋洋的。最后我还是选择没有去。"

"为什么?"

"那时的我只是个连饭都不会做,茶都不会泡的娇娇女,我根本就不知道要如何在一片陌生的土地上做一个牛仔女人。"玛格丽特拿起茶杯,无声地饮下了一小口,或许是讲了太长时间口渴了,又或许是想平静一下自己

143

又微微泛起酸涩的内心。

　　马克看着玛格丽特那张布满岁月痕迹的脸,不知道在那个硝烟四起的年代,还有多少美丽的爱情,有多少无奈的结局。

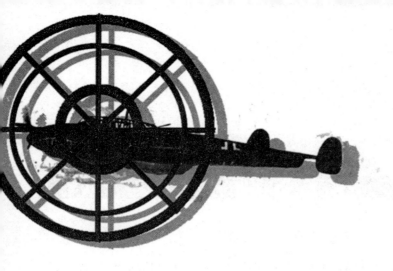

始于英吉利的爱

始于英吉利的爱

　　为了达到自己的目的，压制英国，在第二次世界大战刚刚爆发，德国海军部的参谋人员就针对入侵大不列颠的问题进行了种种研究，德国人认为侵占大不列颠的唯一方法就是渡过英吉利海峡。只有先通过了英吉利海峡狭窄的海面，才能实现入侵大不列颠的战略计划。他们对这一想法深信不疑，对于当时的德国来说，这也确实是最快捷和简短的途径。

　　而英国军队对于德国的计划并不知晓。但是自从二战以来，为了守卫伦敦，英国将大多数的机场和制空站都建在了英吉利海峡上，他们派出了大量的舰队来驻守此处的海岸线。在这里，英国形成了具有压倒性的海、陆、空防御阵势。

　　在英吉利海峡的版图上包括了诸多个小岛，许多岛上生活着淳朴的渔民，他们与世无争，一年四季靠打鱼为生。法西斯的枪炮打破了本该属于这里的那份宁静，从此英国的舰队开始源源不断地被派往这里。在这里也就上演了许多英军海兵与渔家女的动人爱情故事。

　　二战就要接近尾声了，德军的溃败显示出他们已经是落日黄昏，这支英国海军舰队经过一番战斗赶走了岛上的德军。官兵的到来让岛上长久受到德军欺压的居民高兴极了，甚至一些渔户为了显示出自己的友好，而邀请一些军官来家里做客。27岁的楠·德·菲尤是当地一位漂亮女孩，她的家里拥有两条渔船和几名捕鱼的工人，因此菲尤的家庭在小岛上来说还不错。英国舰队正式进驻这里的那天，她和岛上的全体渔民一起来到码头参加了欢迎英军的仪式。就在这一天,菲尤被一位年轻的苏格兰军官迷住了,他是那么的年轻,身着海兵服的他是那么的挺拔和高大英俊。

当岛上的其他渔民开始盛情邀请官兵来自家做客的时候,菲尤便说服她的父亲也应该同其他人一样邀请英国军官来家里。父亲同意了菲尤的提议,而被邀请人由菲尤去安排,当然菲尤邀请了吉米·库珀。

吉米第一眼见到菲尤,便再也控制不住自己的眼球了,他的眼睛不听使唤地围绕着菲尤打转。她热情、奔放,一点也不似小岛上的其他女孩那样扭捏。

吃完晚饭,两人又来到了海边散步。他们边走边聊天,菲尤被吉米的博学多才所折服,而吉米也被菲尤的能歌善舞所迷倒,他们就这样恋爱了。

吉米虽然只有 20 岁,两人相差 7 岁的年龄并没有成为他们爱情的阻碍,反而菲尤的成熟美是吉米最为喜欢的。他们的爱情能否长久地继续下去仍然是个未知数,可是没有人去想它,他们只想趁现在的时光,好好地恋爱,即使明天就要分离,还是要享受今天的时光。

在吉米没有任务的时候,他们几乎每天都在一起。吉米带菲尤到船上去参观,给她讲关于他们作战的事。菲尤告诉吉米如何织渔网和撒网捕鱼,菲尤还将新鲜的鱼烹饪出各种美味的食物带给他品尝。他们白天去踏浪,晚上依偎在一起看夕阳落下海平面。爱的暖流在两人之间流淌着,没有人去想战争,更没有人去想分离。

不去想的分离,不代表就不会到来。吉米所在的舰队接到了新的作战任务,他们奉命返回英国海军基地。

当吉米的舰队缓缓驶离泽西岛的时候,菲尤泪如雨下,她是那么爱吉米。吉米不知道他的到来,给这个小岛上的姑娘带来了多大的喜悦和快乐。菲尤承诺她会一直在小岛上等待着吉米回来,等待的人便陷入了无尽的等待之中。

从 1945 年 9 月,法西斯宣布投降的那天开始,菲尤每天都到小岛的海港上眺望。每次看见有船靠近,菲尤都表现得无比激动,可是每一次都是失望而归。渐渐地随着时间流逝,菲尤的期盼落空了,吉米仍旧毫无消息,最后在父母的压力下,菲尤结了婚。

婚后的菲尤很幸福,她的丈夫是个善解人意又体贴的人,他了解菲尤心中的思念与惆怅,所以他尽量用他的爱来填满菲尤空荡的心,让她没有时间来思念另一个男人。幸福的生活渐渐让菲尤淡忘了吉米。

转眼间菲尤和丈夫都已是八十多岁的老人,可是他们仍旧相濡以沫。他们本想就这样一起牵手走进棺材,可是上帝是不会同意的,在一次心脏病突发中,她的丈夫先她而去了。菲尤非常悲痛,在丈夫病逝后的很长时间内一直是精神恍惚的状态。这时的菲尤又想起了吉米,想起了那个小自己7 岁的初恋情人。

菲尤在孙子的陪伴下,找到了吉米,此时的吉米也是单身一人,他的妻子已经去世多年了。

相见恨晚的两位老人在双方子女的见证下举行了一场令人难忘的婚礼。婚礼上的一对新人让见证者永生难忘,白发苍苍的老者搀扶着同样白发苍苍的老妇,迈着蹒跚的步子在红地毯上走着,尽管很缓慢,但却是那么地坚定。

吉米挽着菲尤的手不禁在所有人面前落下泪来,这一切对他们来说都来得太晚了,可是他会在剩下的日子里尽量让菲尤过得幸福。

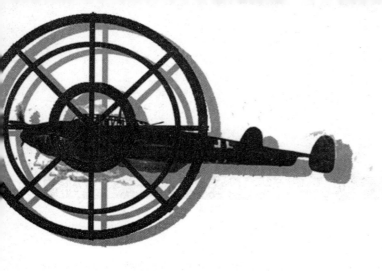

爱在苏格兰蔓延

爱在苏格兰蔓延

夏洛蒂是苏格兰高地的一个普通的姑娘，她热爱这片故土，她和她的父母甚至她的祖祖辈辈都生活在这里。如果没有那场战争，也许她会找个会吹风笛的苏格兰人嫁了，永远生活在这片土地上。

一战之后，英国从政党到普通平民，他们都向往着一种和平的生活。但是，仅仅是几年的时间，英国人民向往的和平生活又被隆隆的炮声打破了，为了不让自己的家园被法西斯的铁蹄践踏，英国人民拿起了武器，为和平而战。当德国疯狂轰炸历史悠久的大英帝国的时候，英国军民在丘吉尔的领导下，英勇地维护着国家的尊严和独立。

1940 年 9 月，德国人开始对伦敦实施了近两个月的轰炸。伦敦每天都被轰炸声和防空警报声包围着，可是伦敦人的意志没有被打垮，整个不列颠的士气更加没有被瓦解。

在此期间，英国首相丘吉尔曾经发表了一次用于鼓舞士气振奋人民抵抗精神的著名演讲。他在演讲中这样说道："亲爱的下议院参议员们，我作为国家的首相，能为国家奉献的只有流淌着的爱国血液、为国家辛勤劳动，用我的汗水和眼泪浇灌国家的每一寸土地。现在我们面对的是法西斯的飞机大炮，但是我要说的是，只要我们还活着，就要用我们的力量同法西斯作斗争。天上、地上、海上，不管他们从哪里来打击我们，我们都要顽强地打回去。我们要记住，我们是在与一个违反人类历史，一个穷凶极恶的人领导的暴徒们作斗争。也许赢取胜利的道路很远，我们在路上会碰见很多的困难，但是没有胜利，我们的国家将不会存在，我们将生存在法西斯的铁蹄下，我们大英帝国所代表的一切也就没有了。虽然我们面临很多困难，但是当我成为首相时，这个担子就落在了我的肩上，我很高兴，也对我们的未来充满着希望。我相信，我们的国民是不会让我们追寻胜利的脚步停下的，此时此刻，我要对大家说：让我们一起努力，一起去追寻胜利！"

丘吉尔充满激情的讲话给了英国人民极大的安慰和抵御德国法西斯的信心。尽管德军的飞机不停地轰炸英国各大城市，但是英国人民并没有为纳粹的炸弹感到恐惧，也没有感到泄气。走在大街上，细心的人会发现，莎士比亚的名言取代了平时的广告，它是这样写的："在这块土地上，有一个国家，叫英吉利，他是我们的祖国，是被上天保佑的"。而丘吉尔的名言则是："为了我们的家园，我们每个人都要工作、战斗，做好自己的工作，尽自己所能出的力量。"这两句振奋人心的话都被人们贴在了墙上。

为了让国民能在德军的轰炸中生存下来，政府制作了一批避难篷向民众免费发放，组合好之后可以住下 6 个人。即便是在这样艰苦的条件下，英国人民依然乐观地生活着，每天上班下班，就连德国飞机在英国上空不断地盘旋的时候，他们也不惧怕。因为他们有一个信念：总会有一天，英国会过上和平的日子，德国法西斯最终会被打败。

孩子是国家的希望，为了保护这些孩子，英国政府让家长们给孩子的衣服上做出标记，让孩子带着能证明身份的卡片。为了让城市里的孩子躲开密集的轰炸，英国政府还动员孩子的父母，让他们给孩子带上换洗的衣服，必要的生活用品，身份说明卡等物品，把孩子送到乡间，寄养在不相识的人家里。

剩下来的妇女们也都劳动起来，即使是装炮弹这种危险的劳动，也有很多妇女们在干，她们的动作是那么的熟练。英国的全国人民都动员起来了，为了让战场上的士兵没有后顾之忧,就连本应在家颐养天年的老人们也去接受了基本的军事训练,他们虽然因为年纪大不能去战场,但是能保卫本土。

德国派出的飞机越来越多,次数也越来越频繁,他们好像是要从空中打击、摧毁这座古老的城市。德国的狂轰滥炸使英国消耗巨大,很多工厂被破坏,武器生产受到了很大的限制,这使英国人逐渐感到后备力量不足。这时,家里的厨房用具发挥了作用,在国家的号召下,人们把厨房用具送到了工厂。工厂的工人们把铁制造的东西,或铜制造的东西留下,然后用熔炉融化这些,至于铝制造的物品则是送到了飞机制造厂。可以说,全国人民都已经齐心协力地加入其中,为反击侵略者贡献出自己的一份力量。

11月初的一个晚上,伦敦没有拉响防空警报,这几乎是两个月内的第一次,这种平静反而让伦敦人觉得很不适应。次日晚,德国的轰炸机遍及不列颠的各个角落。德国人改变了策略,他们觉得伦敦太大了,轰炸效果并不好,于是把空隙目标定为了英国的工业中心。考文垂在11月中旬遭受了毁灭性的轰炸,考文垂中心区绝大多数重要设施被炸毁。成百上千的人被炸死,更多人受伤,这座城市的全部运作几乎都陷入停摆。

在此后的一个月里,英国的大量重要港口城市都遭到了德国猛烈空袭。后来,连格拉斯哥也没有幸免于难,同样遭到了轰炸。夏洛蒂没有想到战火会蔓延得如此快,前一个月还在伦敦,这个月竟然轮到了她的家乡。连日来,德军的飞机不断地在格拉斯哥的上空盘旋着,不时向下投放着炸弹。格拉斯哥全城进入了紧急戒备状态,大批的英军开始进驻此地帮助大不列颠这个分支的人民躲避灾难。

夏洛蒂正在帮母亲照看路边的小摊儿,这是他们全家的经济来源。自从上次父亲被空袭的飞机炸伤了双腿之后就不能再工作了,这个家只能依靠她和妈妈摆路边摊,卖些小东西来维持生计了。生活是比较清苦的,但是

二战浪漫曲

至少她和家人都还活着,在这样一个战争四起的年代里,生命是脆弱的也是最难能可贵的了。

夏洛蒂拿着两个孩子的小玩具正在对着行色匆匆的路人叫卖着,突然防空警报再度响起,法西斯的飞机又开始在格拉斯哥的上空盘旋着了,在这个月里,法西斯的飞机已经轰炸了数次,夏洛蒂已经懒得去记这是第几次轰炸了。防空警报声持续地响着,夏洛蒂手忙脚乱地收拾着散落一地的小商品,行人们都在四处逃窜着。

英国士兵们也在维持着街道上的秩序,他们不断地指引着慌乱的人们寻找可以遮蔽的物体躲藏起来。这时,炮弹声在周围响起来了,接着浓烟滚滚。夏洛蒂仍在收拾着地上的东西,捡起这个,那个又跟着掉下去了。"你在做什么?赶快找地方躲起来,你不怕死吗?"一阵吼声在夏洛蒂耳边响起,随后有一只大手紧紧地抓住了她的胳膊,像拎小鸟一样把夏洛蒂拎到一旁。"你必须马上躲起来。"吼声再度响起。"不行,我的东西还没有拿呢,我要把它们一起拿走。"夏洛蒂倔强地挣扎着,如果不拿这些东西,他们家这个月就得喝西北风了。

那个人还是死命地将夏洛蒂拽到了墙角儿,然后用命令的口吻对她说:"站在这里别动,我去帮你把东西拿回来,千万别动,不要给我找麻烦。"接着这个人冲进了烟雾里。不一会儿,那个人拎着夏洛蒂装东西的袋子跑回来了,将袋子扔在她的面前,清嘘一口气说:"跟生命相比这点儿东西算什么。"然后又冲了出去。他的速度很快,甚至夏洛蒂连说声"谢谢"的时间都没有,他就消失了。夏洛蒂只记得他穿着军装,说话的声音很有力,高高的个子,眼睛里闪烁着跳动的光芒。

夏洛蒂一直在墙角儿呆着,直到警报解除,人们纷纷走了出来,夏洛蒂也提着袋子回家了。经过一番轰炸后,这个城市的街道变得更加破败不堪了,到处是墙体的残骸。为什么会变成这个样子?他们只是一群渴望过和平宁静生活的平民百姓而已。夏洛蒂边走边思索着回到了家中。

当夏洛蒂推开家门时,她的父母才长出了一口气。从警报拉响的一刹那开始,他们的心就一直悬在半空中,他们担心女儿的安危,现在看到她平安回来了,他们也放心了。

夏洛蒂的父母都清楚,不应该让女儿一个人出去赚钱。现在时局这样动荡不安,她一个女孩子实在不安全,可是又有什么办法呢?母亲看着夏洛蒂略有些疲惫的脸,心疼地摸了摸后,开始张罗着做晚饭。父亲仍旧躺在床上长吁短叹,自从失去双腿后他整个人都变了,变得悲观、消沉起来。

夏洛蒂把袋子放下后,转身回到了房间。她呆呆地坐在床边的椅子上,脑中不断回想着今天所发生的情景。那个军人,会是怎样的一个人呢?看起来脾气暴躁,可还是充满了爱心。会在危险中救她,会冒着炮火回去帮她拿东西,虽然一直对她吼,可是她听得出来那并没有恶意。想着想着就这样睡着了,连晚饭都没有吃一直睡到了天亮。

今天看起来天气不太好,阴阴沉沉,没有一点儿生气。早晨起来,夏洛蒂突然很不想去街上摆摊儿,可是等到她冷静下来考虑了一会儿决定还是去吧。于是她匆忙地吃了点儿早饭提起昨天的袋子又来到了每天摆摊儿的街上。可能是天气的原因,今天街上的人更少了,很多市民如果没有什么特别想买的东西,一般情况下是不会出来的。整个上午,夏洛蒂都没有成功地卖出去一件商品。夏洛蒂毫无心情地随意拨弄着地上的东西,根本没有发现一个人就站在她的旁边。

"你怎么又在这儿摆摊?你不知道这样很危险吗?德国的飞机可能随时来袭,你可不会每次都那么好命地碰到我来救你。"又是昨天的那个人。夏洛蒂马上站直身子,与他对视,这个人真是奇怪,明明就是做了好事却总是

二战浪漫曲

爱说些不好听的话。夏洛蒂仰着倔强的小脸,看着他,嘴里还不服输地说:"如果我不来这里摆摊儿赚钱,我们全家要怎么活?请你告诉我。"

夏洛蒂正在等着这位军人的训斥,虽然只跟他接触两次,但是她知道按照惯例,这时他是应该教训人的。可是夏洛蒂等了半天,他都没有出声,反而讪讪地笑了一下,显得有些难为情。夏洛蒂见他不说话,也突然语塞起来,两个人都沉默下来,不知道该和对方说些什么,尴尬的气氛弥漫在两个人之间。

最后还是由男人打破了僵局,"为什么你不摆摊儿你的全家就没法儿活?赚钱不是只有摆摊这一种办法。"他显然是想和夏洛蒂休战了。"我也想做其他的工作,可是我能做什么呢?我的父亲被炸弹炸残了双腿,而我母亲只能每天留在家里照顾他,我的家里只有我一个人在赚钱……"夏洛蒂开始喋喋不休地说起来,她将她心中积压了许久的烦恼和痛苦一股脑似的都讲出来了。在她说的时候,他也不插话,只是静静地在一旁听着,一副好观众的样子。

他们一直聊到了天色渐暗,才分手。在这一整天里,夏洛蒂没有卖掉哪怕一样东西,只是跟那个军人聊天。她知道他叫彼得·潘,是一名英国皇家军官,他们这次来格拉斯哥的目的就是帮助这里的人民共同对抗德国的空袭。他的家里本来有爸爸、妈妈和两个妹妹,全家人一起生活在伦敦,接连几个月的空袭使他的家荡然无存。德国的飞机在他家的上空投下了一枚炸弹,整个房子顷刻间倒塌了,父母和两个妹妹都被埋在了下面,只有他一个人幸免于难。他在讲述这件事的时候,脸上的青筋都暴起来了,肌肉也在不住地抽搐着,她能想象这其中的痛苦。之后夏洛蒂说了许多安慰他的话,两个人聊得很投机。

接着第二天,第三天,夏洛蒂在街上的时候总是能看见他,他们并没有再交谈,只是相视一笑,算是打招呼了。本来他们也就只是这样的交情而已,或许连交情也没有吧，可是夏洛蒂还是对彼得没有跟她说话的事有些耿耿于怀。以至于后来几次，她都躲避着他的目光，让两个人的视线尽量不再相遇。夏洛蒂也觉得自己这样做有些矫情，可是她也弄不清楚自己到底是怎么了。

防空警报已经几天都没有响起了，或许这次空袭过去了吧？夏洛蒂仍旧每天出摊儿，这几天她的收入还不错，每天都能卖出相当多的商品，和平时期的生意就是好做得多。这天中午，夏洛蒂正在为一位带着小孩的母亲演示这个新型玩具的操作方法，突然警报声四起，这位母亲赶紧抱起小孩就跑。夏洛蒂也赶忙收拾东西，该死！她以为德国飞机不会再来了，所以这两天都带了比平时多两倍的商品来卖，现在可怎么办，东西怎么都收拾不完。她焦急地望着四周，谁能来帮帮她。可是这样生死攸关的时候，谁还有心去帮助别人呢？

这时，一双大手出现在了夏洛蒂的视线里，这双手真是麻利，三两下就把东西全都装进了袋子里。夏洛蒂抬头看时，不觉呆住了，是彼得，是那个说话恶毒的家伙。"发什么呆，还不快走。"说着，一只手抓起地上的袋子，一只手抓住夏洛蒂的手跑进了防空洞。这时的防空洞里已经挤满了人，大家都紧紧地挨着。夏洛蒂靠彼得很近，近得可以听见他强而有力的心跳声，这心跳声不觉让夏洛蒂有些脸红。他竟然再一次帮了她，每次德军来袭，他都能及时地出现在她的面前，这让夏洛蒂很是感动。

警报解除了，人们三三两两地走了出来，夏洛蒂和彼得也随着人流走了出来。在防空洞里躲避的这一个小时的时间里，他们的手没有放开过，现在夏洛蒂依旧任由彼得牵着她走出来。或许这是对某种关系的默认吧，谁知道呢。

之后的几天里，他们用行动证实了这种关系。彼得开始时不时地出现在夏洛蒂的小摊儿上，有时跟她聊聊天儿，在他不忙的时候还会同夏洛蒂一同叫卖。晚上也会帮助她来收拾东西后送她回家，他们的关系没有波涛汹涌的激情和山盟海誓的约定,一切都平平淡淡,或许这样的爱情才经得起时间的推敲。

6月下旬,德军开始将进攻的矛头指向了苏联,他们放弃了对英国的空袭,英国上空的空袭警报终于不再响了。这场空战结束后,为了查看各行业的情况,丘吉尔来到了市民中间,市民们都在为他欢呼着。是的,虽然丘吉尔在这期间,带领着大不列颠人民顶住了德国的飞机大炮,但是长久的战争并没有结束,他们仍需要继续扩大生产,来满足军队所需要的物资。

整个格拉斯哥的人民也在行动着,大家纷纷涌上街道来整理被炸得破烂不堪的城市。人们都在七言八语地谈论着这次德国得不偿失的轰炸行动,夏洛蒂只是在一旁静静地听着。"彼得应该要走了吧?既然轰炸已经停止了,他应该没有再停留在这里的必要了。"夏洛蒂独自地想着。想着想着突然心情变得很糟糕,她放下手中的瓦砾碎片,决定找彼得谈一谈。虽然他们之间并没有做任何承诺,可是也不该就这样莫名其妙地结束啊。

夏洛蒂来到彼得部队在格拉斯哥的临时指挥中心,她不敢冒然地进去,只是在门口张望着。这里乱极了,纸张和电文飞得到处都是,彼得正在指挥着其他人往外面的卡车上搬东西,显然夏洛蒂的估计是正确的,他们要走了。彼得在夏洛蒂转身要走的那一刻看见了她,他连忙走过去一把拽住她,并把她拉到了门外稍稍僻静的地方。

先是一阵沉默,彼得正在想着要如何向夏洛蒂说明此刻的情况:"你也看到了,我们正在收拾东西,今天早上我们接到了来自伦敦方面的电报,要求在格拉斯哥的驻军全部转移去别处,今天晚上就得离开。我并没有想过要不辞而别,请你相信我,可是我现在很忙,根本没有时间和你告别。"

夏洛蒂只是站在一旁不说话,此刻她的心里痛苦极了。彼得又接着说:"战争在短时间内不会停止的,而我也会一直跟随着部队继续战斗。我不知道我能否活到战争结束的那一天，所以我不会自私地要求你等我，战争结束之后我还活着的话，我就会来找你。如果你结婚了，让我看到你幸福也好。"彼得一想到夏洛蒂会跟别的男人结婚，心就会不自觉地痛起来。

听了彼得的这番话后，夏洛蒂才慢慢地抬起头看着他。彼得看见她漂亮的小脸上早已挂满了泪痕，然后相拥而泣。

傍晚时分，载满着英国士兵的大卡车缓缓地驶离了格拉斯哥，人们纷纷涌向街道来为这些勇敢地帮助他们躲避灾难的士兵们送行。坐在车里的彼得试图从人群中寻找夏洛蒂的影子，可是没有结果。夏洛蒂告诉他，她不会来为他送行的，因为她无法承受离别的场面，但是她会等着他。

自从希特勒将进攻的目标锁定为苏联以后，德军同英军的摩擦则相对较少起来，可是这并不等于希特勒放弃了对英国的攻击。这时美国珍珠港遭到了日军的偷袭，狂妄与自大为他们招来了杀身之祸，美国决定加入盟国对法西斯宣战。

1943 年 7 月初，盟军在西西里岛战役中，长途奔向向德意军队的防线，利用海面和陆地双向作战，并和机动部队有机的配合，巴勒莫、墨西拿先后被盟军夺取，德军最终被赶出了西西里岛。

7 月末，经过英国和美国的军事家们几十次讨论，登陆西北非的作战计划正式确定，并将登陆日期定为 11 月上旬，在摩洛哥方向登陆部队的登陆地点是卡萨布兰卡，在阿尔及利亚方面登陆部队的登陆地点是奥兰和阿尔及尔。彼得随部队来到了北非，他跟随部队在摩洛哥登陆，战斗很顺利，他们成功地登陆，并将当地的一些偏向纳粹主义的法军制服了，他们的顺利登陆。

阿登战役无疑是德国的最后一赌，希特勒投入了自己所有的力量。战役初期，德军确实取得了一些小胜利，可是德国仅靠这一点成绩就想起死回生是不可能。接着德军又遭到了一系列的惨败，法西斯的命运已成定局，

二战浪漫曲

最后希特勒只能用一死以谢天下人。

在此期间,彼得曾两次身负重伤。一次是子弹打穿了他右腿,另一次是在与德军进行白刃战时被刺刀扎穿了左肩,可是他仍然坚强地活了下来,直到战争结束。待到他心情复杂地再次踏上了格拉斯哥这座城市的土地已经是4年之后的事情了,昔日的破败在人民的努力之下已经焕然一新了。4年的时间可以塑造很多东西,同时也能改变许多东西。"不知道那位叫夏洛蒂的姑娘的心有没有随着时间的流逝而改变。"想到这里,彼得显得越发紧张起来。

凭着往昔的记忆,彼得来到了夏洛蒂曾经居住过的房子,这栋房子并没有多大的变化,只是重新被粉刷了一遍。彼得在门口挣扎了很久,终于摁响了门铃,他在担心,如果来开门的不是夏洛蒂那该怎么办?他要去哪里找她呢?这时彼得才意识到他对夏洛蒂的了解有多么不足。他当时应该记下她几个亲戚或朋友的地址,如果她搬了家,他或许可以从他们那里得到一点儿信息。彼得在兀自揣测着。

这时门被打开了,走出来的果然不是那位他朝思暮想的姑娘,而是一位老妇人,彼得的心在慢慢下沉。老妇人一看门口的军人,马上脸色大变,连忙客气地问:"先生,请问您有什么事吗?"那语气中带着战战兢兢,显然她是被战争吓坏了。彼得尽量将面部表情变得柔和一些,深施一躬,这才说到:"是这样的,我想请问一下,这里有没有一位叫做夏洛蒂的姑娘,我是来找她的。"

老妇人这才恍然大悟,原来他就是女儿苦苦等候的英国军人。这4年的时间里,无论父亲如何劝说,母亲如何以死相逼她都不曾动摇过等他的决心。今天女儿终于等到了,想到这儿,老妇人不禁落下泪来。彼得看着她千变万化的表情,一时不知道该怎么办,难道他的脸刚硬到如此程度会把人吓哭吗?彼得不觉伸手摸了摸自己棱角分明的面庞。老妇人终于擦干了眼泪,喃喃地说:"你终于来了,我的女儿没有白白等待。"

她的声音不大,可是彼得还是听清了话的内容,夏洛蒂还在等他,她没有放弃他们的誓言,他们都将这段算不上山盟海誓的话守了 4 年。彼得忽然觉得有些眼前发黑,他被这突如其来的好消息冲得天旋地转。他好想立刻见到夏洛蒂,这种想念让他一刻都不想等了。"她在哪?请告诉我她现在在哪?"彼得急切地问。"她在路上摆摊。在……"还没等老妇人把话说完,彼得就已经跑了。"喂,我还没有讲完,你去哪里找她?这个年轻人性子真急。"看着彼得渐远的身影,夏洛蒂的妈妈咕嘟了几句转身回屋了。

当年在那个地点他们相遇,相爱,他又怎么会不知道那个地点呢?彼得沿着记忆的路线来到了他和夏洛蒂初次相遇的那条街上。如今的街道较 4 年前相比已经繁华了许多,可是远远望去,仍会看到一个人在街边叫卖着,那个人还是当年那个样子,长长的辫子,阳光下显着光泽,身上的衣服虽然很朴素,但是依然能显示出年轻的美丽,她不停地和顾客介绍着商品。

彼得慢慢地踱到的小摊前面,夏洛蒂正在摆放商品,她没有抬头看走到她前面的这双腿的主人,低着头说:"欢迎光临,请随便看吧!""4 年了,应该不止 4 年吧,你怎么还在这里摆地摊儿,看来你没有什么经商的天赋。"彼得故意将话说得尖酸刻薄。

夏洛蒂摆弄商品的手停住了,她怎么会不记得这个声音?这个声音不知在她的梦里出现过几千次了。夏洛蒂缓缓地抬起头,此时她早已是泪流满面了,但是骨子里那股不服输的精神仍旧指使她要倔强地反驳着:"是啊,4 年了,你还没有学会该如何对漂亮的女士说话。"

这就是他最爱的姑娘,一个苦苦守候他 4 年的姑娘,看着这张他日夜思念的脸,彼得忍不住将她拥入怀中,紧紧地抱着,他希望能将她抱到天荒地老。

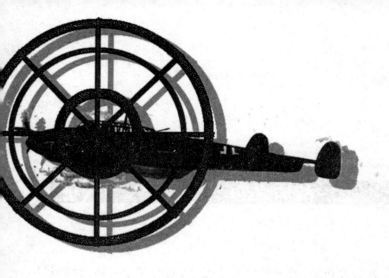

敌后之恋

从上帝创造人类那天开始,便一并创造了爱情,同时赋予爱情以顽强的生命力。生命可以终止,但爱情却永不停息。它可以穿越时空,穿越地域,穿越任何阻碍,只为找到心心相惜。

　　1939 年,德国在夜色中以战机和地面快速机动部队进攻波兰。从此,展开了一场波及范围最广,涉及人口最多的旷日持久的全球性战争。

　　北非战场,埃尔温·隆美尔将军在与意大利的配合中很快取得了相对独立的指挥权,他命令麾下的机械化部队紧紧咬住英军,而英军好像也失去了锋利的牙齿,不断败退。现在,盟军的苏伊士河补给线的形式岌岌可危。士兵埃里克所在的部队开始撤退到阿拉曼防线。隆美尔永远都不会给对手以喘息的机会,果然,在他的追击之下,英军再次大败。

　　蒙哥马利的到来使英国第 8 军团又活了过来,在他的指挥下,英军第 8 军团与隆美尔指挥的非洲军团展开了又一场激烈的"狐鼠之战"。并取得了胜利。失败者隆美尔泪洒阿拉曼,退守突尼斯,然后告病还乡。

　　现在的英国第 8 军团内部,呈现出了一片难得的祥和气氛,他们好不容易赶走了隆美尔,现在可以暂时轻松一下了。三五成群的士兵聚在一起,提着酒瓶夹着香烟,正在高谈阔论着。

　　在接下来连续几天的时间里,交战双方都相安无事,可是暗地里的波涛汹涌是普通士兵想不到的。此时的蒙哥马利正在筹划着一场大战役,他要借此一举摧毁德意联军在北非的军事实力,从而推动战争进程。

在与丘吉尔及时沟通后，蒙哥马利很快就制定了一个实战计划，计划的核心意图是避实击虚，这个虚是创造出来的，就是靠攻击。首先英军分作东西两翼，东翼先攻，吸引敌人预备兵力。西翼迂回，打击泰拜盖隘口。两翼皆是主力，最后要求空军给予空中安全的保障以及对敌方地面壁垒的轰炸支持。计划中东翼进攻部队由第 30 军抽调 3 个师出来组成。西翼要更多兵力，除了激动部队都属于西翼。

埃里克所在的第 50 师被编入了右翼进攻力量，战斗于 3 月 20 日凌晨打响了。战前蒙哥马利通过公告激励全体将士："强取威尼斯，观敌入大海。"

联军的指挥官中虽然没有了隆美尔，却有像隆美尔一样临危不乱的人，所以他们的战斗力依然不能小觑。他们将火力都集中在几个强渡点上。令人尊敬的是，这些士兵表现出了大无畏的勇气与牺牲精神。

这时，右翼攻击也遇到了麻烦，他们不幸地遇到了德国 21 装甲师和意大利军队的阻击。右翼部队陷入了一片混乱之中。

虽然这场战役最后还是蒙哥马利胜了，但是埃里克所在的右翼部队却惨烈无比。士兵死伤无数，活着的也都被意大利军队抓了俘虏。埃里克还活着，只是手臂被子弹穿了一个洞。他和他的同伴被带往了意大利，他们不再是人，只是别人的俘虏。

埃里克他们被关押在一个意大利小镇，窗外电网高筑，塔楼上的哨兵手执机关枪在观察着下面的一举一动，到处都是流动看守的意大利士兵，依稀可以分辨出这是一个废弃的孤儿院，小小的床椅泄露了很多秘密。他们也如弃儿，陷入了一个永远也逃不出去的牢笼里。

日子渐渐地过去，因为这里与世隔绝，所以他们完全接受不到外界的信息，更不会有哪一个好心的意大利士兵会告诉你战争进展到哪一步了。

渐渐地,埃里克甚至不记得日期了,连大概是哪一天都弄不清楚了,每天只是像行尸走肉一样地活着。

突然有一天,战俘营里骚动起来,许多意大利士兵都开始整理自己的东西,没有人再在乎这些俘虏。有些英国士兵开始紧张不安起来,这些意兵要从这里撤退吗?看起来事情很紧急,他们这些累赘会被带上吗?还是要就地处决?这些想法让他们更加不安。被一种生活束缚太长时间的人们,思想也被捆绑了,他们已经开始不晓得用其他的方式去思考问题了,这是最可悲的。

从西西里岛战役一开始,盟军便势不可挡,当战斗进行到7月中旬的时候,岛上的飞机场已经全部落入盟军的手中。敌人失去了空军支援,占领这处战略要地的曙光开始出现,可随即就马上为乌云所挡。

希特勒在得知西西里的危局之后大为恼火,当月中下旬的时候,两个大法西斯头子在西西里岛北部的菲尔特雷密谋了许久,可是会谈的结果并没有什么突破和进展。

而与此同时,盟军的飞机开始最罗马大肆轰炸。执行攻击的是美国空军,他们派出了一个飞行大队,目标是罗马火车站及罗马飞机场。7月,墨索里尼政府垮台。

墨索里尼政府的垮台可以说是水到渠成,连年战争所带来的巨额军费支出,将本已飘摇的意大利经济推到崩溃的边缘,国内反法西斯战线的日益强大,动摇了渐渐不得民心的墨氏政府的根本,盟军对意大利重镇的轰炸成为最后一根稻草。

这个具体的执行者或者说是背叛者是墨索里尼的女婿以及身边的一些亲信。讽刺的是他们不久前还是墨索里尼口中最忠诚的追随者。哪里有压迫,哪里有反抗。就是既得利益者也不能容忍墨氏的独裁风格,他们渴求更多的权利。如今大厦将颓,墙倒众人推,包括国王在内的众多阶层策划串联起一张无形的网,只待时机成熟……就这样墨索里尼政府灭亡了。随后,巴多利奥奉命组织成立了新政府,而墨索里尼则被囚禁起来。

当意大利在战场上屡战屡败的时候,意大利政府不得不宣布投降。战俘营中的盟军士兵们获得了自由,他们被释放了。但是同时他们也必须开始另一段逃亡。德国攻占了罗马,控制了意大利的大部分地域,埃里克他们不得不为了躲避德军的追捕而四处躲藏。

意大利的地形给埃里克等人的逃亡带来了很大的困难,他们不停地在山地间奔跑着、穿梭着,没有人知道要去哪里,也没有人告诉他们逃到哪里是安全的,一切只能靠运气。

埃里克已经完全筋疲力尽了,他们整整跑了两天。在这两天的时间里,他没有吃过一粒米,只能靠喝水维持体力。此时埃里克觉得整个大地都在旋转,脚下一滑,整个人跌进了山谷,便失去知觉了。

当他醒来的时候,他正躺在一张干净的床上。埃里克环视着房间的摆设,很简单,但是也很整洁,他被这间房子的主人救了。房子的主人名叫爱华约克,是个善良的意大利人。当他从山谷中将埃里克背出来的时候,他没有把他交给德国兵。他明知道擅自窝藏盟国的士兵是死罪,而把他们交出去则可以得到一大笔的赏金,可爱华约克还是把他带回了家,并且帮助他处理伤口。这让埃里克很感动,在战争面前,这位意大利村民表现出了博爱的伟大。

埃里克的身体在爱华约克的精心调理下,正在慢慢康复,他开始可以下床活动了。当埃里克能走动的时候,他向爱华约克提出离开。他不想因为他的原因,让这位善良的村民受到连累,可是被爱华约克拒绝了。他让他安心住下来,现在的意大利境内没有一个地方比他这里更安全。就这样,埃里克在这个意大利村庄上住了下来。

慢慢接触下来，埃里克了解到，这是一群法西斯统治下的善良的人民。不管外面的世界如何地残忍、痛苦，你争我夺，这里依旧是一片充满祥和的人间净土。村民们在他这个敌人的面前所表现出来的友善连慈善家都会为之汗颜，埃里克的内心受到了很大的触动。埃里克最初对待意大利人所树立起的戒备心，在一点儿一点儿地消失。他们不是敌人，像同胞，像朋友，也像亲人，埃里克的心被他们融化了。

埃里克在爱华约克家休养的这段时间里，他几乎很少出门，他不想因为自己的存在给这位善良的人带来什么危险和灾难。

这一天，像往常一样，吃过了早饭爱华约克便出门了。临出门前还询问了埃里克最近的身体状况怎么样，两个人交谈了一会就出去了。埃里克一个人在屋子里走来走去，他想多活动一下，在这儿的这些天是他自从参军以来最安逸的一段日子了。可是人有时就是很奇怪，太安逸的生活反而会让你腰酸背痛，浑身不自在。埃里克正在双手拄地做着俯卧撑，他可不想让自己变成懒骨头。

"爱华约克大叔，"埃里克听到了一个年轻女子清脆的声音，他连忙站起来。

女子仍旧边走边说着，"我今天新学会了一种烤奶油蛋糕的方法，烤得还不错，我拿过来给您尝——"这名女子当看到埃里克的时候，声音突然卡住了。

埃里克的目光很吓人。这一刻深深地打动了他麻木已久的心，那个姑娘身上散发着一种完全不属于乡村女子的气息。粉嫩粉嫩的苹果脸上镶嵌了一对会说话的眼睛，当它对着你来回转动的时候会透出一股难以言表的灵动之美。她穿着素雅可亲，不见得高贵，却有一种大方流露的迷人。

玛丽卡的家在意大利南部的西西里岛上，那是个山水秀丽的地方。父亲是当地一位以从事渔业生意的小商人，家庭还算得上富足。时间进入到1943 年时，突尼斯已经被盟军解放，法西斯国家的势力不复存在，这里的人们过着非常平静的生活。

　　玛丽卡的父亲是个了不起的生意者，他对局势的判断不次于最伟大的军事专家。他推测过不了多久，西西里岛上将会上演一场恶战，他们必须在这场浩劫来临之前，搬离这里。因此玛丽卡随着父亲，举家来到了这个小村子。

　　亚平宁半岛和北非之间的西西里岛不平静。德国和意大利的军队也在抓紧时间进行防守的准备。此时驻守西西里岛上的军队主要有两个主力：德国两个军，包括赫尔曼·格林率领的装甲师。意大利方面也是两个军，一个防守西部，一个防守东部。但是跟赫尔曼·戈林师相比却显得很劣势。

　　虽然之前盟军就对西西里岛上的法西斯部队进行过攻击，但是真正的大规模抢滩是从 7 月初才开始的。首先，盟军的航空兵对西西里岛的机场进行了轰炸，这是所有轰炸目标的重点。仅在首日，几处重要机场盟军就投下近 1500 吨的炸弹。随后几天，这样的轰炸接连不断，有时候一天就进行多达 21 轮的轰炸。仅仅为一个机场就出动了 400 多架轰炸机和 100 多架战斗机。如此规模的轰炸，取得了丰硕的战果。除了一个简易机场外其他机场均无法使用。除此之外，轰炸的目标还有岛上的雷达站。尽管德、意两国的空军也竭尽全力进行防御，但受限于数量，起到的作用微乎其微，最后只能拖着残躯带着受伤的心灵回到内陆。西西里岛和意大利内陆的联系还有火车轮渡。盟军没有忘记它们，地中海一隅的夜空火光冲天，一列载有军火的轮船不久沉入水下，同样的剧情在墨西拿海峡四次上演，剩下的一个也只好入库南山了。

西西里岛上的战争全面爆发了，交战双方出动了海、陆、空三军的所有力量来相互较量，战斗场面十分壮观。空中，数千架飞机列队飞行，遮天蔽日；地面，陆军部队急速前行，队伍见首不见尾；海上，各种舰艇有条不紊，乘风破浪。

总之，西西里岛上到处战火纷纭，而人民则是这场战争中最大的受害者。他们为了躲避战争，不得不背井离乡，当玛丽卡随着父亲初次来到小村子的时候，他们同当地的村民并没有产生多大的距离感，很快便融入进去了。或许是战争的原因，让他们学会了理解和心心相惜。玛丽卡也是个善良的姑娘，平时她总是将亲手制作的各种糕点拿给邻居们吃。这次也是一样，她正准备将新出烤箱的蛋糕送给爱华约克大叔尝尝呢，就遇到了埃里克。两个充满激情又风华正茂的年轻人的相遇，或许会创造一点儿浪漫的爱情故事也说不一定。

当玛丽卡抱着装蛋糕的盘子出现在爱华约克大叔家门口的那一刻起，埃里克的眼神就变得不一样了。刚来这里的时候，他的眼神中总是充满了惊恐、防备和小心翼翼，虽然后来经过慢慢的了解之后，村民们的善良让他逐渐消除了抵触情绪，可是他的目光中却从来没有像现在这样透露着温柔。

他们聊了很久，直到太阳偏西的时候玛丽卡才离开。初次的相识让彼此都非常愉快，他们坦诚地交谈，融洽地相处。从此，玛丽卡成了爱华约克家的常客，即使不来送糕点她也会来这里坐坐，同埃里克聊一聊。渐渐地，他们相爱了。

这是一段纯洁的爱情，双方抛弃了战争，忘掉了国籍，丢掉一切名誉和利益的牵绊勇敢地相爱了。原来，真爱面前一切都不重要。

10月中旬的一天，战场上传来了消息，意大利的新政府加入英、美、苏

二战浪漫曲

一方,开始对德宣战了。埃里克和玛丽卡在聊天中轻松地谈到了这件事,埃里克甚至还开玩笑似的对玛丽卡说"现在我们的恋爱正当了许多,因为我们不用在想着这是在背叛自己的国家和民族。"玛丽卡嫣然一笑,这只是个玩笑而已。

可是埃里克的逃亡日子并没有因此而结束,德军很快便占领了包括意大利首都罗马在内的大片领土,意大利全国到处动荡不安。平静的小村子也不再平静了,全副武装的德国士兵在到处搜捕盟军士兵,埃里克开始到处躲藏。

玛丽卡真是个难得的好姑娘,她没有因为埃里克特殊的身份而放弃他,对他的爱更没有丝毫的动摇。在玛丽卡和村民的帮助下,埃里克几次都逃过了德军的搜捕,可是村民再怎样也只是村民,他们无论如何都敌不过手持钢枪的士兵。埃里克最终还是被捕了。玛丽卡一路跟随到了村口,"我会等你,战争结束的时候请记得回来。"这不是一时兴起随便说的话,它代表了一种坚不可摧的誓言。

从 1943 年的下半年开始,整个意大利都陷入了混乱的局面。一方面是希特勒使用各种手段营救出来的墨索里尼组成的新的法西斯政府;另一方面是英美联军支持的由巴多利奥成立的新政府,两方面的力量一直相持不下。

意大利的天气向来很诡异,受地中海的湿气影响极大。在这个三面环海的半岛国家里,有时一天要经历多个气候变化,此时的意大利恰好进入了多雨的冬季。埃里克被关进了战俘营,他的噩梦又开始了。这是个美丽的地方,这里如海浪般舒缓起伏的原野,笔直高耸的杉树,充满紫色诱惑的葡萄庄园,多汁可口的橘子,历经数百年的华美城堡,和善的人民。可就在这样一个美丽的地方,埃里克却每一天都生活在痛苦里,他要一方面忍受着来自德国士兵的各种各样的折磨,另一方面还要压抑着对玛丽卡如同排山倒海似的思念。总之,他痛苦极了。

德军在古斯塔夫防守,而与之相应的是盟军的迅速跟进,他们在防线之外做了一段时间的休整和补充,毕竟他们正处于更为有利的作战态势。只待上面确定详细的实施方案,就要一鼓作气,突破防线,拿下罗马,抓住墨索里尼,最后向北歼灭余敌,解放全境。以实现战前总纲领的以战养兵、减轻西线战场压力的目的。

此时盟军与德、意联军的有事劣势一目了然,况且德、意联军接连惨败,士气低迷。

此时美第五集团军开始发起了进攻,这支部队并没有成功突破德军的防御,但是却为在安齐奥的登陆创造了条件。安齐奥的登陆部队原来集结在波利湾,抵达安齐奥后在次日凌晨开始登陆。由于防御德军力量单薄,只有一个营,加上无人戒备,登陆部队几乎兵不血刃就占领了该地。

此时的德军军事统帅是大名鼎鼎的阿尔伯特·凯瑟林。他马上命令罗马卫戍司令指挥滩头兵力迎战,同时,调 14 集团军各部增援安齐奥,到了第二天,增援部队已达到 6 个师,包括两个装甲师、一个伞兵师,并建立了东有制高点、后有海岸公路的完整防御线。美国 10 万大军面临背水一战的尴尬局面。德军向滩头发起了不断地进攻。2 月末,美第六军的军长被解职。到了三四月份,双方僵持了下来,盟军主要依靠的是海中的炮舰支援和空中的绝对优势。到了 5 月份,西线的盟军开始准备诺曼底登陆,美军的调动吸引了德军的注意,德国人知道盟军要登陆,一边猜测一边加强了守备,无法派更多的部队支援意大利战场。

英、美军队在经过短暂的休整和补充后,已经集结了 12 个师的兵力。他们决定重点放在卡西诺山。此时,东西两侧的集团军都抽调部队到了中部,这里原来主要是英第 8 集团军。5 月 11 日,盟军发动了猛攻。法军最先取得收获,他们推进到了费托山,临近了海边公路。他们随即打通了此处的公路,这样就绕到了卡西诺山的侧后。德国人这下无法坚守了,经过两天一夜的猛烈战斗以后,马约山、卡西诺山、圣安布罗吉奥、圣阿波利纳勒相继失守。盟军不断前进,到了 5 月下旬,盟军的正面主力与安齐奥的美军已经会合,德国人马上要被盟军"包了饺子"。

战事发展到现在 ,在意大利参加作战的英、美部队,从将军到普通士兵都清楚地感觉到了胜利在望。深陷战俘营的埃里克从看管他们的德国士兵略显惊恐的脸上也察觉到了这一点,自由的渴望开始占据煎熬着他的每一秒。有了自由,他就可以同他心爱的姑娘长久地在一起了,不必每天忍受思念的煎熬。

此时美军放弃了对德军的追击,转向罗马,经过 1 周多的激烈战斗,美 36 师突破罗马市南部的德军最后一道防线,罗马成了一个不设防的城市。

罗马如今终于从法西斯手中解放了。6 月 4 日,盟军进入了罗马。罗马城的光复,代表了希特勒的重要盟友的陨落,也代表了希特勒的明天,欧洲一片欢腾,世界无不鼓舞,贺信贺电向盟军司令部、登陆各师部纷至沓来。当罗马陷落时,墨索里尼问他的女婿,那些在我耳边唱赞歌的家伙哪里去了,怎么就没人保卫罗马,难道人民忘了我吗?

这个时候欧洲东面战场也是捷报不断。苏联红军的进攻有如水银泻地,他们在一个很宽大的线上进行大范围的纵深突破,每个突破以突击部队为端,预备队为轴,多点连续突破,彼此呼应。排山倒海的攻势压得德军东线连连败退,希特勒的悲歌已经唱起。

战争局势越来越明显了,波兰军队攻下了安科纳。没到 8 月,美军就已经打下了阿尔诺整个防线,从安波利到比萨全部解放。佛罗伦萨南部的山区也被美军肃清。当新西兰军队抄了后路时,驻守的德军马上就得到了消息。

盟军的部队还没踏进佛罗伦萨以后,这座古城内的德军士兵很快便仓皇逃跑了,而像埃里克这样的原盟军士兵则得到了释放。

得到自由后的埃里克,没有来得及休养,便飞也似的来到了玛丽卡居住的小村子。

这是一个残酷的时代,爱情被戴上了枷锁接受考验,自由被铸上了铁窗只剩等待,只有坚定的人们才最先求得了心灵与肉体的解放。无疑,只有坚定的人们才最先求得了心灵与肉体的解放。

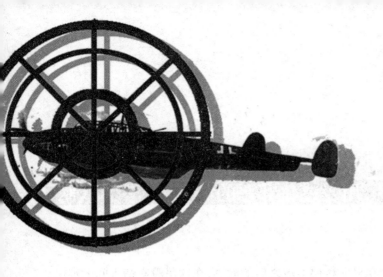

用爱感化邪恶的心灵

用爱感化邪恶的心灵

二战浪漫曲

这是一个发生在莫斯科保卫战之后的故事，在这里没有情人间的浪漫，却有着人与人之间的温暖。莫斯科的人民用自己无比宽大、博爱的心原谅了那些曾践踏过他们家园的人，这样的善良连最优秀的慈善家都会为之汗颜。

基辅会战中，德军胜利了，希特勒长时间地处于兴奋的状态无法醒来。而此时的苏军为了自身的安危，早已设置了两道坚固的防线，可怕的莫斯科的冬天正悄悄来临。但希特勒仍在积极部署，他打算在莫斯科打一场大胜仗。

1941年9月的最后几天里，希特勒制造的"台风"开始逼近莫斯科了。这次的中央集团军集中了大批武器、人力，一起从南翼叩开了通向莫斯科的大门。

在打了几次小胜仗之后，希特勒的狂妄与自大再一次害了德军。他命令分兵，一路由龙德施泰特元帅领导南方集团军群，清剿黑海沿岸，攻占罗斯托夫，拿下迈高普油田，切断斯大林格勒与其他地区的联系，然后挥兵直指斯大林格勒；另一路由陆军元帅冯·李勃领导北方集团军群，北上攻占列宁格勒，然后继续向前会师芬兰军队，最后切断苏联的生命线——摩尔曼斯铁路；莫斯科则交给"中央"集团军群。

德军走在拿破仑当年的老路上。开始时推进得向台风一样快，有着摧枯拉朽的势头。10月上旬，这路德军就已经对维亚兹马和勃良斯克之间的苏联部队进行了合围并让其受损。到了10月中下旬，先头部队已经可以望见莫斯科了。

苏联此时各部门以及外国使领馆已经撤出莫斯科向安全地带转移。纳粹的宣传机器吹嘘着莫斯科已经敞开了大门，希特勒将一贯地所向披靡、无坚不摧。过不久，元首将骑骏马从苏联红军的防线缓步走进莫斯科城，仪式已经在准备，克里姆林宫正在清洗，礼服和白手套都是新定制的。

这一年，苏联的冬天因为隆隆的枪炮声和满地的鲜血所以来得特别早，10月上旬就下起了大雪。连日来的大雪，使本来就坎坷不平的道路变得异常泥泞，气温急剧下降，许多德国士兵由于没有御寒冬衣而开始出现了严重的冻伤，枪炮也因为过冷的天气而不太好用。

在前线的战场上，德军面对前所未有的坚决抵抗；各个补给线上，德军运输队一面陷入自然的泥沼，一面陷入游击队的人民战争的海洋。曾经屡战屡胜的德军内部，开始出现了各种声音，士兵们在身体寒冷的同时，心也渐渐凉了。没几天，德军就意识到他们无法守住这里。没过多久，红军的一波攻势压垮了困守的德军。退出的德军面对来自南北两面的追击，仓惶逃至米乌斯河才站住脚。

这次撤退，是莫斯科保卫战的小小预演。头一次纳粹军队遭受了羞辱。古德里安战后这样说过："罗斯托夫最早预兆了我们的灾难，一切在那之后都不同了。"指挥罗斯托夫撤退的伦斯德等将官被撤职。

这年的冬天，就是莫斯科人也觉得冷。第一场雪在 10 月 6 日就下了，泥泞不堪的路面限制住了德军机械部队的前进。本来正式进攻的日子被迫推后了。古德里安回忆说，气温陡降，大雪纷飞，而士兵却没有冬衣和厚靴子。向大本营要物资也迟迟没有回音。

11 月，来了寒潮，气温持续下降，很多士兵都冻伤了。表面上看来，莫斯科就在眼前，似乎是唾手可得。希特勒的看法更是乐观，只要在往前走个几十英里就行了。终于等到了道路被冰冻，德军结集了最大规模的坦克部队向莫斯科发动了猛攻。十二月初,有一个侦察营突入了莫斯科的市郊,克里姆林宫遥遥在望。但随即就被击退,这是德军在所有的进攻尝试当中最接近克里姆林宫的一次,但,这也将是他们最后一次这么做了。

在这样的关头,生死存亡就在一线。斯大林和苏联的领导人们做出了在莫斯科近郊甚至城内歼灭德军的决定。以攻代防,打消耗战,持久战,尽一切可能消灭敌人有生力量。同时准备预备部队,适时切入反击作战,予以敌人致命一击。

按照这个最高的指示,军方和广大人民群众一起响应号召不惜一切,保卫莫斯科。

从 19 日到 25 日,全莫斯科的市民被调动起来,人们明白,苏联虽大,但除了这里,我们别无所去。人们组成了民兵师、工人营、巷战小组、坦克摧毁班。45 万人参与修建防御工事,其中绝大部分是在家妇女,他们的丈夫都在前线,克里姆林宫前也架起了堡垒。人们拿出了勇气与牺牲精神,誓与城共存亡。

对于德国士兵来说,莫斯科的冬天是无比可怕的,他们急切地需要冬衣来御寒,但是希特勒为了尽快让战争结束,却否定了为部队准备冬衣的命令。

战斗越趋白热化。苏联方面,大量的民间力量补充进了部队当中,许多妇女甚至都加入到了这个行列当中来。人们知道,后面就是家园,这个家园非同一般,一旦失去,国家也就完了。

德军此时的战线补给出了很大的问题,主要是因为战斗的损耗太大,远远超出了估计,而五六百英里的战线又是如此之长。德军一味强调加强攻势,希图短期结束战斗,根本就没做长期作战的准备,所以什么防御阵地、预备部队都没有。总之,德军处于非常不利的境地。

1941 年 12 月 5 日,发动反攻。10 天后,苏联红军打到了图拉,到了

1942年1月初,德军已经撤退到了约100英里外,部分军群被击溃,苏联的战略反攻宣告成功。希特勒此时已是惊弓之鸟,气急败坏的他要求牺牲至最后一兵一卒也不得后退一步。

这个傻瓜似的命令从来都是未被彻底执行的,德军仍不堪重压,持续后退,像当年的拿破仑看齐。纳粹的白日梦破碎了,成了梦幻泡影。希特勒不得不承认,征服苏联失败了。

德国的这次失败,是在东线经历的最为严重的挫折。随着德国入侵苏联计划的破产,随着苏联取得的伟大胜利,极大地鼓舞了盟军的士气和被占领地的人民反抗意识。同时,苏联红军给予德国的打击,不仅使他们狼狈地逃向本土,也使其军队的数量和士气、战备的损失都达到了一个级数,直到战争结束德国也没法恢复过来。

就在希特勒焦头烂额于苏联战场之际,1941年,珍珠港遭到了日本人的偷袭,一场原本发生在欧洲和亚洲大陆的大战弥漫开来,一场全球规模的战争拉开了帷幕。

第二天,希特勒不得不连忙从莫斯科抽身,乘火车回到柏林的大本营。而他当时准备用来攻打莫斯科的大部队,因为战败的关系也随着陆续撤出此地。败军之将何以言勇,当成千上万名德军俘虏垂头丧气地走在莫斯科的街道上的时候,令人感动的一幕发生了。

希特勒在匆忙地回到柏林的时候,竟然忘了曾经为他浴血奋战,而今成了苏军俘虏的他的士兵。这群困顿不堪、伤兵满营的德国战俘排成望不到头的人龙。在战败的当天,在威风凛凛、盛气凌人的苏联士兵的押解之下,无奈地走进了这个他们都几乎唾手可得的莫斯科城。他们及他们的将领们曾无数次地幻想着该如何以胜利者的姿态走进城来,可是万万没有想到的是,今天他们会以这样的方式走进这个令他们梦寐以求的地方。

成了战俘的德国士兵已没有了往日战场上的狂妄和嚣张气焰，如今的他们个个衣衫褴褛、步履蹒跚，每向前迈一步都是那么地艰难。昔日的风光已经不复存在了，他们中有的头上缠着绷带，有的身负重伤，有的则断手断脚在别人的搀扶下，一步一颠地缓慢前行。哀叹声，因痛苦而抑制不住的呻吟声，是这支队伍中唯一存在的声音。

当德国战俘被押解进城的时候，城里的居民们纷纷出来观看，他们一股脑似的涌上了街头。城市宽阔的大街在人潮涌动中显得异常地狭窄起来，围观群众人山人海，你推我搡，将整个街道围得密不透风。然而在围观的群众中，青壮年的男性并没有多少，从浩浩荡荡的德军部队向莫斯科走来的那天开始，整个莫斯科的成年男人们就不得不放下手中的锄头和扳手，拿起钢枪，加入到这场保卫家园、捍卫主权的战争中来。聚拢在这里观看的，许多就是与这些侵略者作战牺牲的青年人们的父母妻儿。

上百万的敌人被打退了，几十万的敌人最近一次战斗成了俘虏，人群中传递着这样的消息。他们胜利了，他们的主权和领土都保住了，但是代价也相当的沉重。今天，前来围观的这人们就是最大受害者。他们的儿子，丈夫和父亲在这场战争中，被入侵者残杀在了自己的土地上。为了自己的国家，自己的亲人而战，那些伟大的牺牲者们可能死得无怨无悔，可是他们的亲人却是对法西斯的效忠者们充满了愤恨。

负责押解战俘的苏军负责人之前就已经猜测到了，这次的押解工作不会那么顺利，一定会出现群众殴打战俘的事件。他能够充分地理解这些人的情绪，如果他的亲人被法西斯士兵残害的话，他也很难会保持冷静的态度，这是人之常情。可是出于人道主义，他有义务保护这些已经缴械投降的士兵，他应该保证他们的安全。为了防止意外的出现，这位负责人安排了大批的军队和警察出动，形成一堵墙，挡在愤怒的人群前面。

当战俘的队伍靠近的时候人群开始躁动着,近了,更近了。人群中开始传出各种各样的声音,人在愤怒的时候,往往会拥有比平时多几倍的力量,这种力量是常人无法抵挡的,而现在这些群众正是处于这种状态。

士兵和警察出于职责仍旧死死地阻挡着疯狂的群众,有些人甚至谩骂起警察来,现场的状况非常的混乱。看到这种情况,押送士兵的警察不得不组成人墙,对抗汹涌的人流。

此时的战俘已经来到了人群最多的街道中央,他们的侵略行为已经激怒了这群崇尚和平的人民,他们非常害怕,都想往后退,但在苏联的土地上,已经没有他们安全的立足之地了。这群曾经在战场上叱咤风云、如狼似虎的士兵们,无论遇到怎样的战斗场面都不曾退缩过,今天竟然瘫倒在了手无寸铁的普通百姓的面前。有能力行走的人在后撤着,然而在生存面前,道义往往显得微不足道。无论那些受伤的士兵如何地倒地哭号,他们的同伴依旧无动于衷,只顾自己逃窜。在莫斯科寒冷的冬天里,他们的血液也跟着变冷了吧!

忽然一个40左右的大姐借着人潮挤进人墙。不看是谁,照人就打。她脚下踩的手里打的是一个失去了双腿的德国士兵。这个俘虏头上打着绷带,身上也血迹斑斑,黑漆漆的脸上虽已辨认不出具体的容貌,却明显稚气未蜕。这是一张绝对不超过20岁的年轻人的脸庞,无措地坐在冰凉的地上,四处张望着。面对这些拳头,他根本无法闪避,只能发出无助的哭声。

蓦地,中年妇女已举起的拳头停在了半空中,愣愣地站在那里。她呆呆地盯着这个德国士兵,胸口好像撕裂了一样疼痛。那张惊慌无措的脸和当年那个不时调皮、一训责就如此情态的儿子的脸重合了起来。

她迟疑了一会儿,左手抚了抚心口,曾经绷紧的右臂与拳头松弛下来。然后从随身挎包中取出个小包裹,打开两层布,露出里面的面包来。她慢慢地送到士兵眼前。年轻的伤员却迟迟地不敢去接。女人简单而直接的抓住年轻人的胳膊将面包拍在他手心上。年轻人这才反应过来,抓起面包就往嘴里塞。看着他那饿狼般的吃相,一定是几天都没有吃东西了,饿坏了。

看着看着,妇女的眼神突然变得柔和起来,想她那阵亡的儿子饿极了的时候也是这副吃相。她在他的身上仿佛看到自己儿子的影子。她该对这个伤员好一点儿,在他的家里一样也会有一位同她一样的母亲在等着他归来。

她清楚地记得那是 1941 年 6 月的一天,她的儿子突然对她说:

"对不起母亲,没有经过您同意我就报名参军了。我已经 19 岁了,我要为了国家而战,为了您而战。部队提前集合训练,我明天就走了",第二天,儿子就那么走了。那一天天气很好,6 月的阳光照在儿子年轻的脸上,是那么的充满朝气和活力。

在大战的那几天里, 她每天都认真查看报纸上发布的阵亡人员名单。终于,7 月初的一天里,她在报纸上看到了儿子的名字,她的世界突然之间天崩地裂了。中年丧子,对于一个母亲来说,世上最伤心的事莫过于此了。

听说今天德国的战俘会经过莫斯科的大道, 然后被关进战俘营中,她随着人潮来到了街上。她想亲眼看看这群法西斯侵略者的下场,可是这个伤员可怜的样子却触动了她心里最柔软的地方,那就是母性。她慢慢地用手轻抚伤员,犹如抚摸着自己的儿子。

"这一定疼极了!"她用俄语像是在喃喃自语地说,随后失声痛哭起来

出现在众人面前的这一幕让人群静了下来,人们的仇恨似乎在这一瞬间被化掉了,有些人离开了,不再向这些曾经为他们造成灾难的敌人加以报复,有些人取出了身上的一点食物,送给了他们。所有人都知道,这不是善意的施舍,而是一份对共同苦难的陈述:在战争面前,无论受命而为的施暴者,还是被迫战斗保护自己和亲人的人,我们无一例外,都是受害者。

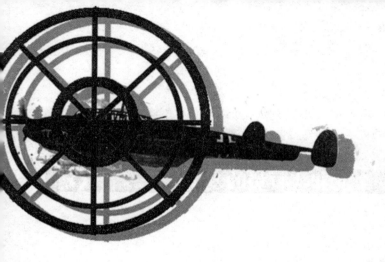

一个北非飞行员的爱情旅程

一个北非飞行员的爱情旅程

故事发生在北非。

北非的撒哈拉大沙漠，一架老式英国飞机从沙漠上空呼啸而过，身上尽是弹孔，翅膀挂着浓烟，机舱也已火起，像一个飞行在空中的标枪走到了后半段的旅程，不断向沙面压去。

半失控的飞机引起了附近贝督因人的注意。他们寻了过来，只见一个衣服已经起火的男子在浓烟中奋力挣扎着逃出了座舱，飞机断作了两截。飞机上除了这名男子还有一个女人，看得出来，女人已死去多时，身体已经僵硬。人们还在附近散落的物件中找到了一个笔记本、几张照片和一些纸条、一幅手印的照片、一幅类似壁画的照片。人们又发现笔记本中也有纸条和照片，很明显这些东西是一起的，有意义的。贝督因人将男子救起，放在骆驼上，他们相信附近的那间战地医院能治疗他的烧伤……

沙漠不远处有一所战地医院。哈娜是这里最受伤兵欢迎的护士。她容貌美丽、热心善良，父母分别是法国人和加拿大人，家教良好的她勤勤恳恳地在战地医院里救死扶伤。每天清晨，她都负责给伤员检查病情，她工作认真，得到医生和伤员的一致好评。

一天，医院里送来了一名重伤员，这个士兵的伤势几乎是致命的，当哈娜用剪刀剪开他的上衣时，恐怖的伤口正在流血。她一边寻找愉快轻松的话题转移士兵的注意力，一边给他清理伤口。

士兵艰难地吐出几个字："我是不是快死了？"

"不会的,尽量放松,你会感觉舒服点。"哈娜安慰着他,却没有停下手中的工作。

"我想我真的快死了,我现在最大的愿望就是在死之前看一眼家乡的人。"士兵望着病房里几名忙碌的护士和医生幽幽地说道。

"那你来自什么地方?"一名护士问他。

"匹克顿。"

"你也是匹克顿的吧!"一个护士用肩膀拱拱哈娜,笑着说。哈娜朝伤员点点头说:"你会好起来的,你只需要坚持就可以了。"伤员见到哈娜,感到十分欣慰,很配合她的工作。

哈娜的心上人名叫麦根。他在一年前参军入伍奔赴前线了,之后哈娜一直在打听他的消息,可是从前线回来的士兵们都不知道麦根的情况。哈娜焦急地等待着麦根的消息,直到有一天,一个伤员打听到了麦根上尉的情况,伤员告诉哈娜,麦根上尉前两天阵亡了。

哈娜听到这个消息犹如五雷轰顶,她艰难地回味眼前这个伤员告诉她的事实。麦根阵亡了,那个俊朗的、善良的麦根就这样在她的生命中消失了,她怎么能接受这样的事实呢?孤独地她躲在黑暗的角落里哭泣,是这可恶的战争夺去了麦根的生命。在那之后的几个月当中,她一直活在痛苦之中,她拼命地抢救前线送回来的伤员,生怕他们也像麦根一样死去。

1944 年的 9 月末,这里的战地医院随军迁到了意大利的蒂伦尼亚。那里的医院面对着大海,环境很适合养伤。那个由贝督因人救起的飞行员也被送到了这家医院。虽然他已经醒过来了,但是他拒绝和别人交谈,没有人知道他的名字。有人一度认为他是个聋哑人,但后来大家发现情况并非如此,当其他伤员唱歌的时候,他深深地陶醉在其中。

由于工作的需要,医院再次转移。哈娜在车上对这位英国飞行员的照顾十分周到。路上人们都沉浸在海边公路的美景中,偶尔一段的颠簸引得一阵伤兵的呻吟,这里的路肯定是被炸过的。忽然,一辆吉普靠近了哈娜的车,哈娜看到了珍,她的一个朋友,也是护士。珍似乎很兴奋,朝哈娜借了钱,说先走一步到镇上买些备用品。吉普车加大了油门,压着路肩即将越过车队。突然,吉普车的前轮碾上了地雷,车子瞬间爆炸。

眼见朋友的车子出了问题,哈娜不顾一切地跳下车,向遇难的珍冲过去,但被其他人拦住,因为前面还很危险,说不上还有几枚地雷埋藏在那里。

在这种特殊情况下,整个车队都停下来。两名工兵拿着探雷器开始探雷,果然又探出一颗地雷,并将这枚地雷排除。哈娜跑到珍的身边,她的朋友已经永远的离开了。她伏在珍的身上失声痛哭。

黄昏的时候,哈娜仍沉浸在伤痛当中,先是失去了麦根,珍也离她而去,想到恋人和女友的死,她心中无限伤悲。善良的哈娜决定哪也不去了,她要守候在英国飞行员身边照顾他。

哈娜带着这名英国飞行员来到意大利。在托斯卡纳有一处曾被德军作为战地医院的修道院遗址。一个地方,都是救人,不过彼时救治心灵,此时救治肉体,彼时救治德国人,此时救治英国人、美国人……这里地处山谷中,远离了战争的喧嚣,静谧的树林里有鸟儿轻快的叫声,这里正适合英国飞行员养伤。

哈娜进入一间空屋子,里面凌乱不堪,到处布满了灰尘和蜘蛛网。相信打扫能使这个房间焕然一新,这是善良的哈娜为飞行员,同样也是为自己找到的一个临时的安身之地。她要脱离部队,远离战场,她想在护理飞行员的同时,也安抚自己内心深处的创伤。很多人劝她同部队一起转移,但她依然信念坚定地留下了。

哈娜把飞行员安置在打扫干净的木床上,随后目送着队伍远去。屋子

里的飞行员静静地躺在床上,如同睡熟了一样。而此时,脑海里却闪现出了往事的画面

阿尔马西对美丽温柔的凯瑟琳一见钟情,第一次见面的时候,凯瑟琳站在杰夫里旁边,和煦的春风拂过,她的秀发随风飘舞,长长的睫毛,迷人的蓝眼睛……她的风韵和才情深深地吸引着阿尔马西。同时,他能感觉到凯瑟琳也很喜欢他。

阿尔马西与其他沙漠探险队员准备好便出发了。几天之后,杰夫里说他有点事情需要回开罗,委托阿尔马西暂时照顾他的妻子。凯瑟琳很舍不得他离开,她犹豫着也想去开罗,可是杰夫里让她留下来和探险队一起。阿尔马西对杰夫里说,让妻子孤身一人参与这样的冒险很不安全,沙漠里什么情况都会发生,艰苦的环境里她会坚持不住的。杰夫里除了拜托没说什么。

几辆越野车奔驰在沙漠中,在几名本地人的向导下,卷起漫天风沙,飞驰向前。

阿尔马西正在领路,漫长枯燥的行程因为一个人而生动有趣起来。当然是凯瑟琳,她身上裹得玲珑紧致,围着面纱,竟有几分异域风情。一路上偶尔讨论一下有关沙漠的话题,偶尔说说儿时的乐事。距离不知不觉地拉近。阿尔马西和阿拉伯人攀谈几句,阿拉伯人点点头,犹如唱诗般地歌声响起,这是流转千年的节奏,抒发着非洲先民的抗争与希望。车子走向远方,载着他们的歌声飘向远方,远处的沙漠依然是那么的炎热和安静。

他们的探险车队还发现了绘有原始壁画的洞穴。当时车队躲避沙暴,幸运地来到了一座断崖前面,阿拉伯人面对山崖拜倒,祈求上苍的祝福。远处遮天蔽日的黑色沙暴到了附近居然颜色越来越淡,风声虽然还依旧,但有经验的人都可以判断出风小了,否则风声只会越近越大,最终会像刀子一样。人们在山下的车子里抖作一团,凯瑟琳伏进阿尔马西的怀里。风暴来了,

沙子打得车身叮当作响。车身不停摇动,幸亏抵住了山壁,否则有倾覆的危险。不知过了多少时候,风声渐渐小了,人们纷纷走出车外,庆祝劫后余生。阿尔马西牵着凯瑟琳的手爬上山崖,狂风吹开旧蒙的尘土,露出一块块石柱,斜着倒在一起,一个柱面上居然有一个深深的手印,奇怪的是只有 4 个指头。然后他们又看到了不远处的一个岩洞,进入里面,居然在里面的岩壁上看到了壁画,画的是人在水里游泳!也不知是河水还是海水。水里除了人还有鱼。这是古老的原始绘画,距今具体多少年还得等考古学家的鉴定。但如果不是杜撰的话,这一带在很久以前应该存在过河流或湖泊甚至海洋。

沙漠里的气候条件很差,炎热、缺水、随时可能出现的沙尘暴。人们又出发了,第二天,一辆越野卡车翻下了沙丘,居然卡在了石头上,油箱坏了,差速器也坏了,无法再用。大家只好放弃这辆卡车转移到其他的车上,可是偏偏祸不单行,一辆车上的东西太多了,车轮深陷在沙子中动弹不得。人们纷纷从车上车中出来帮忙,凯瑟琳也来了。

眼前所面对的是非常棘手的问题,阿尔马西劝说凯瑟琳回去:"你带上些用品,会有人送你回去的。"

"不,我要留下来!"凯瑟琳毫不犹豫的回答。

"你不能留下来,这里很危险,我们无法预料之后还会发生什么样的事情,所以你必须走。"阿尔马西几乎以命令的口吻和她说道。

但是凯瑟琳依然坚持留在沙漠,短暂的相处,她已经被阿尔马西的智慧和气度所吸引。尽管她知道自己不可以这样,但是她无法掩盖自己对阿尔马西炙热的情感。

留下的人有的在搭建营地,有的在清理货物。凯瑟琳坐在一个已经搭建好的帐篷后面,翻看着以前自己的照片,如果最近沙漠中的照片也能洗出来的话,将是轰动的。于是她起身一边做着准备工作、一边盼望着黑夜的到来。

第二天一早，她就激动地带着在简易的暗房里洗出来的照片找阿尔马西。"阿尔马西，我有些照片想给你"，凯瑟琳开门见山地阐明了来意，一抹羞红却爬上了腮。阿尔马西看着她的眼睛，明白她的情谊，也许彼此都在矛盾，如果终须有人先说不，他愿先做恶人。遭到拒绝的凯瑟琳面色有些白，看着卡尔马西的背影，卡尔马西望着天空说："看样子，一场风暴又要来临了。"

傍晚时分，沙漠风暴果然降临。他们二人又聚在一起，躲在车里。风暴中，他们抛开沉重的话题，说着愉快事情互相安抚对方的心情。这可以称得上是"共患难"了。

当沙漠恢复平静之后，他们打开几乎被沙土掩埋的车门，这才发现另几个探险队员与一辆车不见了。应该是开着偷偷离开了。他们相互搀扶着走下车，沙漠里只剩下形影相吊的二个人，他们被抛弃了。凯瑟琳绝望地坐在沙土上，阿尔马西安慰她别灰心，会有解决的办法的。最终的绝境，一切的枷锁都可以放弃，真心熨帖在一起，温暖彼此。倾述了衷肠，接纳了对方，两人只觉在面对死神之前是幸福的。

就在这一年，北非战争爆发。英国人在北非的一个战役中制定了"罗盘"计划，并做好了充分的准备。

沙漠的夜空特别地深邃，寒冷也仿佛更加刻骨。一个信号弹向天空划起。战争改变了每个人的生活，不确定的未来把他们的心牢牢拴紧。是到了离别，而如何离别。

当可怕的战争蔓延到北非这块拥有金黄色沙漠的土地上来时，身为英国人，阿尔马西应征入伍，为了保卫国家的领土，为了抵挡法西斯迈进英国的脚步，他登上赶往前线的火车。

离开的前一天晚上，阿尔马西把随身携带的吉祥符赠给凯瑟琳，希望她不要忘记他们之间的感情，更希望她能等他回来。凯瑟琳依依不舍地和

二战 士兵浪漫曲

他告别,但是她的内心却很矛盾。

12月,战役开始了。意军30万人,英军25000人,看起来实力悬殊,不过乌合之众和精锐之师是有天壤之别的。

在经过故意示弱和撤退之后,阿尔马西所在的部队出其不意地突然发动反击。6日,长官传达了上面的夜间演习通知,要求模拟实战,全体统一全套配重行军训练。约25000名有过沙漠训练经验的全部装备机械化的英国陆军出发了。

他们先是全副武装地在黑夜中挺进了40多英里,天亮后躲在沙漠中一整天,晚上则继续行进。一路上未被意空军发现。这使他们出其不意地进入了攻击阵位,第二天凌晨,天刚蒙蒙亮。随着一阵猛烈的炮火,战斗打响了。很快,意大利的20多辆坦克就瘫在路边,冒着浓烟。英军一鼓作气攻下了尼贝瓦城。刚入夜,又攻克了意大利在图马尔的兵营,与此同时,英军的另一个装甲师也在西迪巴拉尼的西面切断了海岸公路。实现了对其的围困。

地中海的英国海军过来支援,休整了一夜的英军在舰炮的火力掩护下,对意军阵地进行了强力的进攻。半天后,英军攻占了西迪巴拉尼。并对逃跑的残敌进行追击以扩大战果。这场战斗下来,意大利俘虏多得难以清点。

丘吉尔得到了战报喜出望外,北非首战即胜,大大地灭了敌人的威风,鼓舞了自己的士气。因此,他特意在12日的议会例行报告中告诉了大家这一好消息:英联邦部队完全控制了布克布克、西迪巴拉尼附近区域,包括海港。英联邦部队完全控制了布克布克、西迪巴拉尼附近区域,包括这里重要的海港。

截止12月中旬,英军驱逐了埃及境内的所有意军。自己队伍只伤亡528人,而意军被歼5个师,被俘近4万人。听到这个消息,墨索里尼恼羞成怒,他要求北非的意军不得再后退一步,与阵地共存亡。可是,英国人并不在意墨索里尼说过什么,1941年1月3日,英军开始对巴迪亚发起进攻。

格拉齐亚尼元帅在这个重要的港口城市安排了多个师团,并设置了由多重多类,包含壕、堡等障碍构成的牢固的防御工事。不过,决定战争胜负的是人,而不是工事,两天后,在英军的猛烈攻击下,巴迪亚终于被攻陷了。

英军这次的收获更为丰盛,有4万多意军做了俘虏,还缴获了400多门大炮。

次日,英军开始对土布鲁克进行包围。土布鲁克是一座战略意义很大的城市,英国人对攻占这里做了长时间的准备。一直到各路人马聚齐,英军才于21日对土布鲁克发起总攻。不过战斗进行得很快,第二天清早,土布鲁克就属于英国人了。这次战斗俘虏的比上次少了1万,关键是守军实在是不多。大炮也只有不到300门。

从1940年12月6日到1941年1月22日,英军只用了47天,就让墨索里尼重建古罗马帝国的美梦成了泡影。英国人本想给予墨索里尼更大的打击,不过苦于进军速度过快,后期补给不足,西进的计划被延迟了。

就在英军西面取得大胜的同时,南下的英联邦军队与英军主力会师,在普拉特将军的指挥下,于1941年1月,对驻守在苏丹的意大利军队发起猛攻。意军不敌,很快就退出了苏丹。

1月20日,得到了英军帮助的阿比西尼亚皇帝海尔·塞拉西回到了他的国家,驱逐占领阿比西尼亚数年之久的意大利军队的战斗开始了。

2月,英军在索马里取得大胜。至3月初,意大利人被逐出了索马里。3月8日,美国国会通过"租借法案",该法案使英国可以通过信贷方式,得到紧缺的武器弹药和其他战略物资。英国人的底气更足了,他们的下一个目标是阿比西尼亚。

驻扎在阿比西尼亚的意大利军队的表现,并不比其他北非意军好。在几个月的时间里,意大利人屡战屡败,最终失去了这块土地。

英国北非部队以区区 5 万军力击溃了拥有 50 万大军的意大利,取得了出乎意料的、令人自豪的、以少胜多的辉煌胜利。

意大利人发动了对希腊的全面战争。这是在 1940 年的 10 月末。意大利人看中了希腊的克里特岛。在岛上的苏达湾有着地理位置绝佳机场和海军补给基地。而早在 39 年,英国和希腊就通过安全协议,接管了苏达湾,条件是保证希腊安全。

丘吉尔对苏达湾高度重视,他电告韦维尔和史威茨将军务必采取大行动。并在 11 月初取道马耳他增兵克里特岛。然后他又电告中东司令部,与其丧失雅典,不如丧失喀土穆。因为希腊的陷落会对土耳其以及未来战事产生重要影响。

三天后,英国皇家空军派遣 4 个飞行中队飞往克里特岛驰援,而海军也运送了一个营的陆军和部分飞行员和空军地勤人员,还有就是相关的物资。

11 月 11 日,英军空袭了塔兰托。英国的 2 架飞机被毁,但这是值得的,因为它们击中了意大利的 3 艘战舰与 1 艘巡洋舰,就连造船厂也遭到了破坏。自此意大利军舰在一个月内一蹶不振。

意大利陆军准备从阿尔巴尼亚攻入希腊本土,不过希腊军在英军支持下,发起了反攻。战斗的结果是,到 1940 年底,希腊人反而占领了阿尔巴尼亚的一部分,意军伤亡 2 万,被俘 5000 人。

意大利人的惨败,让希特勒头痛不已,因为他们引来了英国人。英国势力在巴尔干半岛的渗入,严重威胁了德国人在这里的利益。1941 年 3 月末,南斯拉夫政变,新政府高举反德旗帜。失去斯拉夫半岛的防空,罗马尼亚油田就置于克里特岛英军飞机的飞行半径内。

这时的英国在北非的战场上占有很大的优势,这使法西斯国家很是忧虑。两个月后，阿尔马西所在的部队接到回国的指令，于是阿尔马西等人服从调遣命令回国了。

回国后的阿尔马西仍对凯瑟琳念念不忘，他马上给凯瑟琳写了一封信。他把自己这段时间的情况以及自己对凯瑟琳的思念之情全都写在了这封信上。

圣诞节前夕，凯瑟琳收到了阿尔马西的来信，她很激动，很兴奋，马上做出了在圣诞节那天和他见面的决定。

圣诞节这天，凯瑟琳犹如天使一般。在这个特殊的节日里，她躲开了丈夫的视线，与阿尔马西在教堂幽会。在教堂里，他们诉说着这段时间所经历的事情，经历过战争的阿尔马西浑身散发着成熟的魅力。他们二人唱歌、跳舞，度过一个美好的圣诞夜。

第二天一早，阿尔马西醒时已不见了凯瑟琳的身影，于是他四处寻找，在教堂外面看到了一个"圣诞老人"。阿尔马西不知道这个人是谁，只当作是普通朋友，就问看到凯瑟琳了吗。回答是冷冷的"我还想问你呢"，这是杰夫里的声音，阿尔马西不禁有了不好的预感。其实，杰夫里已经觉察到了阿尔马西和凯瑟琳之间有什么特殊的关系。圣诞夜，杰夫里曾要求凯瑟琳跟他回家去。杰夫里说着以往生活中的暗语："你的脸上有杏仁饼的味道。"但凯瑟琳却不愿意回家，杰夫里是个聪明的人，他隐约预感到了妻子已经背叛了他。

随后，杰夫里开始监视凯瑟琳与阿尔马西，最终发现了他们的隐情。元旦这天，杰夫里要向凯瑟琳奉上自己的真心。不想凯瑟琳出去了，他隐隐不安地开车坠在后面，发现阿尔马西正在咖啡馆等着凯瑟琳，两个喝着咖啡，桌上传递着什么，凯瑟琳嘻嘻地拿起，阿尔马西一阵慌乱的伸手够去。杰夫里眼睛都要冒火了，纸上也是一颗心，但画得很丑，他痛苦地抓着自己的头发。他非常气愤地把手里的一张画满心形图案的纸撕得粉碎，他心想：他是不会放过阿尔马西的。

事实毕竟是事实,没有人可以逃避或者拒绝面对它,包括阿尔马西和凯瑟琳。凯瑟琳是有夫之妇,她和阿尔马西的爱情注定是镜中月,水中花,尽管她十分爱阿尔马西,但是,面对婚外情,她还是无法逾越那条叫做"道德"的鸿沟。她苦恼着、困惑着,不知道该怎么办,一面是自己的丈夫,一面是深爱的情人,她难以选择。

在感情和道德中挣扎的凯瑟琳非常苦恼,她必须要做出一个选择,如果再这样继续下去,她就会疯掉,最后,她决定和情人分手。两人坐在街边长椅上,秋分瑟瑟,落叶满身,许久,凯瑟琳说:"我们还是分开吧!"

"为什么?你不再爱我了吗?"

"不是这样的,我必须得和你分手,我有丈夫。"

"可是,你忍心这样对我、对你吗?只有我懂你。"

"为什么不说话?"

"我已经背叛了杰夫里,我不能再这样下去了。"

阿尔马西听了凯瑟琳的一番话非常痛苦。他那颗火热的心就像被泼上了冰水一样,难受极了。他没想过有一天凯瑟琳会跟他说分手。他的内心当然不肯离开凯瑟琳,随后又因为凯瑟琳与别人跳舞而向她找茬。但最终他还是没有要回自己想要的结果,晚会结束之前,他落寞的离开了。

已经发现阿尔马西和凯瑟琳的关系的杰夫里一直保持着绝对的沉默,因为他有他自己没有完成的任务,其实他的真实身份是一位敌国的间谍。当杰夫里带着妻子准备回开罗时,他看见了阿尔马西,顿时满腔怒气,他突然驾驶飞机向阿尔马西俯冲下来,他想杀死阿尔马西,但是阿尔马西本能地躲开了直冲而下的飞机,飞机又是急升又是急降,竟然失去了控制,机头一下顶在沙土的跑道上,划出好长一窜火花。

坠机的阿尔马西伤的不轻,膝盖处好像失去了知觉。但他已经无暇顾及了,凯瑟琳在飞机上,他拖着腿向飞机跑去,腿渐渐有了知觉,越跑越快,心中盼望着上帝保佑。机舱门开了之后,凯瑟琳见面的第一句话就是:"他是德国人安插在开罗的间谍,我刚发现……"凯瑟琳知道自己的伤势,或许很快就会死去,她向阿尔马西述说了她内心的挣扎和难舍的情感,她一直都深爱着他,和他说分手是迫不得已。

阿尔马西不会让自己心爱的人就这样离去,他用各种办法想挽救凯瑟琳。如今是在沙漠里,没有车子,飞机已经损坏,要想离开这非常困难。带着一个人更是千难万难,但他仍要试一试,他背着凯瑟琳顺着一个沙崖不断前行。这时的凯瑟琳非常虚弱,她轻柔地和阿尔马西说着话,以此来安慰他焦急的心情。凯瑟琳双手环着阿尔马西的脖子,耳鬓厮磨间吉祥符从脖子间垂到阿尔马西脸庞,阿尔马西看着不禁湿润了眼角。

天黑前两人幸运地发现了一个山洞,凯瑟琳的伤势已经不允许阿尔马西迟疑,他决定去盟军的驻地借交通工具,这样就能带凯瑟琳离开这里了。凯瑟琳恳求他一定将她送回家,他向她许诺一定会回来救她的。

接连几天的徒步行走,阿尔马西在茫茫的沙漠中找到了英军的一个中途站。隐约能看见一名军官正伏在桌前写字。

本已筋疲力尽阿尔马西忽然充满了力量,他大声的向这名军官打招呼。这名军官对阿尔马西的狼狈与摇晃不屑一顾,仍哗哗地在纸上写着什么。阿尔马西生气了,焦急写在脸上,他大声诉说情况:有位夫人受了伤,必须马上得到救治,否则就来不及了。他目前需要医生、药品,还有一辆车。那名军官却不急不忙,摆出一副公事公办的态度,要求填表。阿尔马西的焦急已经写在了拳头上,他给了这个办事员一下子,"快给我车子!"后果可想而知,他被打晕并被当成德国人抓了起来,随后被押上送往欧洲的战俘车。

时间在一点点地流逝,山洞里的凯瑟琳怎么样了?颠簸的战俘车中,焦

二战 士兵浪漫曲

急的阿尔马西考虑着怎样逃离这里。很快一个主意闪过脑海，他举起带着手铐的手假意要上厕所，得到允许后摇摆着挪到车厢边，拧开了开门把手，嘴里嘟囔几句后就向旁边的士兵大喊，"帮我开下门！"这是一个好机会！就在士兵帮助他开门的那一刹那，他猛然举起手铐将这个士兵打倒在地。司机已经明白过来了，但阿尔马西双手一套，压住颈动脉的司机不久就晕了过去。阿尔马西摸索出钥匙，将两人卸了枪，推下了车，开车而去。

为了能救凯瑟琳，阿尔马西找到了德国人，他请求德国人帮忙。他以勘探队绘出的非洲地图换取了德国人的帮助。但当阿尔马西驾驶着飞机回到山洞时，凯瑟琳已经安详的死去。他深深的自责，是自己回来的太晚，没有机会挽救她。无论他怎么呼唤，她都无法再睁开那双美丽迷人的蓝眼睛了。阿尔马西想起了当初他离开时答应过凯瑟琳要送她回家乡，为了完成她最后的心愿，他抱着她走出山洞，走向停在沙漠中的飞机。

凯瑟琳曾在日记中写到："……我的吉祥符呢？我开始忘事了？我总是胡思乱想，但我知道，你会回来找我的……我想和你在一起，把我们曾经的美好再重温一次，没有经历的美好比如林间漫步、烛光晚餐都补上……不，我只想你在我身边……"阿尔马西将凯瑟琳放在飞机上，随后驾驶飞机起飞了。飞机掠过一个个沙丘，逐渐升高，渐渐消失在蔚蓝的天空中……

阿尔马西仿佛从梦中醒来一般，回忆令他伤情。

哈娜在别墅发现了一架钢琴，那是一架崭新的钢琴，不难看出曾经的主人心很细，钢琴上面盖有一层厚布，为的是防止灰尘落入钢琴。哈娜移步钢琴边，折好厚布，打开琴键盖子，手指抚摸着琴键，不久，流畅的音符传出了厅堂。

门忽然被撞开，这真是个莽撞的家伙，哈娜一边打量着这个英武高大的英军印度师军人，一边下着定语。这个人严肃告之哈娜不要继续弹琴了，但也不要动。说完这些就在钢琴边小心地搜寻起来，穿着长裙的哈娜忽然感到一阵娇羞。

这个人叫基普，上尉军衔，是一名优秀的拆弹工兵。最近，他和几个战友正在这一带清除地雷和炸弹。德国人是热爱音乐的，但战争将人的神经变得错乱，有丧心病狂的会把炸弹放在钢琴边，小提琴匣子里。基普对哈娜讲起这些，并述说了他的发现：钢琴底有一捆炸药，关上琴键盖子就会拉响。说着居然就将琴键盖子合上了，哈娜不由得大惊失色，基普促狭地挤挤眼睛，"炸弹已拆下，警报已解除。"哈娜跺着脚站起来追着基普捶他后背表示对救命之恩的感谢。

经历了那次有惊无险的拆弹事件，哈娜和吉普成了很要好的朋友。基普经常到哈娜这里做客，他有的时候会念书给病床上的阿尔马西听。有的时候他和阿尔马西会因为国籍的不同而产生些小矛盾，譬如有一本书，上面说，印度只有在英国人的带领下才能走向富强。基普是爱国的，他不接受这样的评价。而阿尔马西却是英国人，为此，这两个男人有了小矛盾，这个时候，就需要哈娜来插话转移话题，使气氛变得温馨融洽。

一次，哈娜打开阿尔马西的笔记本，随便找到一页念给阿尔马西听。正是那个笔记本上记录着他与凯瑟琳的爱情，哈娜在读完这一页的时候停了下来，她望着仍裹着纱布的阿尔马西说道："可不可以把你们的故事讲给我听？"

房间里静悄悄的，随着阿尔马西的一声叹息，他开始讲述他和凯瑟琳的故事。

卡拉瓦乔最近经常过来看望哈娜。他和哈娜的父亲都参加了一战，在同一个壕沟里战斗过。细心的哈娜很快发现卡拉瓦醉翁之意不在酒，意在阿尔马西。目前他正在领导一个秘密工作的组织。战争爆发前夕的晚上，他又接到了新的任务，一名军官通知他上级需要在柏林留下一个种子，适当的时候发挥作用,比如帮助犹太人。这个最佳人选就是他,问他接受这个任务有问题吗,卡拉瓦乔的回答很干脆,"没有问题"。他接到了组织的紧急通知,开罗发现了德国人安插的奸细,最近行事务必谨慎小心。就在通知的不久,手下的一名工作人员就被人出卖,在德国的战俘营饱受德军的摧残。当哈娜决定留下来照顾阿尔马西的时候,卡拉瓦乔便对这名来历不明的飞行员产生了怀疑。

卡拉瓦乔开始试探。他点明了自己的"身份",说了发生的一些故事,他还说,这些奸细以及间谍都已经被他抓到杀掉了,但还有一个"漏网之鱼",是个接头人,应该是德国间谍,他就是所有发生一切的串联人,卡拉瓦乔一直在找他。随后,卡拉瓦乔转过身问阿尔马西是不是那个德国安插的间谍,是否为德国人拍过英国军营的照片,是不是他杀死了杰夫里夫妇。阿尔马西想起了他把凯瑟琳从飞机上救下来的时候她对他说的话:"快走,杰夫里有问题,是德国人的间谍,马上离开这里!"原来杰夫里才是卡拉瓦乔要找的那个人。阿尔马西认为尽管自己不是间谍,还是有很多人因他而死。他向卡拉瓦乔摇了摇头,接着又点了点头,说道:"也可以说他们的死是我造成的。"

阿尔马西向卡拉瓦乔陈述了关于杰夫里的一些事情,还有和凯瑟琳的故事。总在特殊战线奋斗的卡拉瓦乔罕见地露出萧索的意味,藏不住心事可以说是这行的大忌,卡拉瓦乔下意识的站起身来,背向阿尔马西走到窗前,掀起窗帘的一角看向窗外:"我本是想来杀你的,没做出来,竟然说出来了,真是个讽刺。"

阿尔马西说:"我已经在那个晚上死了,如果你要杀了我,我要说声谢谢。"

漆黑的晚上,哈娜正为阿尔马西缝衣服。阿尔马西让她回去休息,她手举火种走向对面的一间大屋子。当她走到屋子中央时,基普从背后叫她。他深情地望着她。"走,我领你去取礼物。"

轰隆作响的摩托停下来,哈娜驻足在一座大教堂前,这是一座战前就荒废已久的教堂,听人说一战时曾是战地医院。如今教堂的一侧墙壁已经被炸塌,一根从这侧穹顶上倒下的柱子横插在对面墙壁与接连墙壁之间。基普将一根军用保险带拦在哈娜腰上,试试松紧,然后将一根钢丝缆绳抛过那根横梁。基普将从梁上垂下的扣具锁在保险带上。又将手头一端紧紧握在手里。基普又从摩托备品箱里拿出一个焰火筒似的东西,一拉引线,一丝明亮的火光蒸腾变大,在上端燃起。她将这个塞到哈娜手中。哈娜很兴奋也很好奇,微笑着敲着脚。

基普却跑向另外一个方向,原来他是要将哈娜通过缆绳拉起。哈娜在空中摇摆几下,控制住身体,刚开始她还有点大呼小叫,忽然像被掐住了嗓子,后来看见花火映在墙壁上,一幅幅精美的壁画在一明一暗之间好像活了过来。

"它们太美了!"哈娜赞叹道。

"你也太美了!是天使……"基普看着空中飘荡的哈娜情不自禁地喊。那边哈娜一边饮着甜蜜一边欣赏着眼前的奇观。壁画的色泽和线条都非常的完美,哈娜从没有见过这么美的壁画。她时而高兴地浏览着上面的壁画,时而将眼光转向下面的基普,她的目光流露出深深的爱意和无比的眷恋。

似乎每在浪漫时,法西斯就来扫兴,基普的战友过来通知,友军在路上过来,但有情报指出在各桥梁涵洞可能有炸弹,工程兵结束休假立即返岗待命。虽然哈娜略显不舍,基普知道彼此都在克制,这个时候,什么最重要是不言而喻的,否则两人也不会走到一起。基普走了,他知道,一旦检查确认,自己就会被指派到哪里。果然,在就近的中心大桥有情况,上级要求他必须尽快拆除炸弹,不然后果不堪设想。哈娜也来到了桥边。但是,一辆坦克从远处驶来，准备过桥。上面挤满了全副武装的大兵，手里扯着星条旗，兴高采烈地喊着唱着。哈娜连忙跑上前去，拦住坦克，告诉他们前方非常危险，不要过桥，但美国大兵毫不理睬。就在千钧一发的时刻，基普剪断了炸弹的引线，避免了一次爆炸事件。

这时，一个美国大兵对哈娜说："尽情狂欢吧，姑娘！战争结束了，德国人投降了。"

战争真的结束了！这是多少人的心愿啊！一时间，消息传开了，所有的人都高兴的又跳又叫，他们用唱歌、跳舞来庆祝这个特殊的日子。可是，基普最好的朋友哈迪却在这个狂欢之夜踩响了一颗地雷，被炸身亡。最黑暗的时刻过去了，黎明即将到来的一刻失去性命，他甚至不知道胜利的消息，也许是带着遗憾合上眼睛的吧！基普的伤心掺杂着对无数牺牲战友的回忆。哈娜很理解基普的感受，她也失去过最好的朋友，她想安慰基普，但伤心的基普不给她开门。

不久，基普被叫到指挥部。回来时，哈娜还守在窗前，蜷起腿，双手抱着，下巴搁在膝盖上，肩头耸动，像在饮泣，她凭着女人的直觉发现，好像要发生什么。果然，基普坐了过来，抱抱哈娜的肩膀，轻声地说："我们又要出发了，这次是到法国去。"

哈娜没有说话，抬起头看向基普，说："我帮你收拾一下东西吧！"然后就和基普进屋忙开了，哈娜感觉有很多话，可一句也说不出来。

"阿尔马西、还有哈迪都说英国什么都好，但是我不能留下。"基普说道："哈迪死了。所以，现在对我来说，一切都是虚假的。"哈娜依然沉默，仿佛在做决定。

阿尔马西依然躺在床上。朦胧中，他看见哈娜回来了，他喃喃地说，"我快要死了，但我的故事还没有讲完。我已经听到山洞中的女人在呼唤我。"

哈娜安慰他："别灰心，你会好起来的。"

这时，外面传来汽车的声音，基普在外面叫哈娜。

阿尔马西此刻异常清醒地对哈娜说："那是你的男友。"

哈娜透过窗子看到基普像往常一样斜跨在摩托车上，行李绑在后架上。他真的要离开了。基普也看到了哈娜，因为哈娜正在走来。

基普忧郁地低着头，不知道该怎样和哈娜告别。

基普抬起头，好像在这一刹那下定了决心。对哈娜说："我也会时常回到那座教堂。"

哈娜说，"有一天我们会在那里重逢的，我相信。"

基普用力点点头，伸出手来，揽住哈娜的后颈，亲吻了一刻。随后，发动了摩托，走了。

他毅然出发了。哈娜以他为骄傲，但是又要沉浸在思念当中了，于是她理智的和基普说分手。但她和基普都相信，会有那么一天，他们还会相遇。

看着基普摩托车扬起的灰尘渐渐消散，哈娜转身回到屋子里，她打开一盒荷兰产吗啡，取出一支，准备为阿尔马西注射。她扒开了塞嘴，向阿尔马西的肩颈结合部的动脉扎去，挤下胶囊，吗啡涌进阿尔马西的身体。阿尔马西浑身的僵硬似乎松弛了，但他突然挣扎着用手挥向桌上的纸盒，夺过三两只吗啡，拇指便翻开塞口，便向身上扎去，哈娜连忙拖住阿尔马西的胳膊，眼睛对上了阿尔马西的眼睛，哈娜一下子就明白了他的意思。他是要结束他的生命，这样他就可以解脱了，随后就能去寻找凯瑟琳了。

阿尔马西忽然放开手，将药推到她的身前。是要我帮他吗？哈娜神情复杂地望着他，内心充满了悲伤。她犹豫了，她一直做的事情都是怎样救治一个人，可如今要她结束一个人的生命，她真的做不到。她抬头看着阿尔马西平静的脸，终于忍不住痛哭起来。阿尔马西轻轻地安慰她说："别难过……

等我睡熟的时候……"

这是阿尔马西最后的请求,尽管悲伤,哈娜还是点点头,她用颤抖的手拿起两管吗啡。阿尔马西凝视着她的脸,仿佛要永远记住她。"我身体壮,如果两支不行,再来一只。"阿尔马西笑着说,这个善良的女孩在他生命最后的日子里给了他无微不至的关怀,他却不能报答她,只能逗逗她开心,然后在天堂上为她祈祷。

哈娜伏在阿尔马西的耳边,轻声地读着日记,好像凯瑟琳的诉说:"……你走了有一个星期了,离我越来越远,我也越来越冷。于是我来到外面,沐浴在阳光里,沐浴在回忆里,于是你又回来了,我又暖和了……"一颗颗泪滴流下哈娜的眼角,湿润的鬓边的秀发,"对不起,我要先走了,没能等到你,只有在黑夜里将月光写在纸上传给你……"边上阿尔马西的呼吸急促起来,他的心脏也在激荡,哈娜知道,是道别的时候了,她轻轻地吻了下阿尔马西的额头,然后她默默地看着阿尔马西,他没有了呼吸,脸上表情宁静而安详。哈娜在心中为他祈祷,希望他能在天堂上再次遇见他心爱的凯瑟琳。

战争结束了,它给人们留下很多值得思考的问题,是因为战争导致现在这种情况,还是法西斯无止境的贪婪导致了战争?战争中有多少人埋尸于沙场,又有多少人承载着战争的伤害孤独一生。那段历史将永远烙在人们的心头并伴随着他们老去,每当他们回忆起来都会有隐隐约约的疼和淡淡的酸楚。

一切都结束了,哈娜也该离开了。她登上了巴士,坐在无人注意的角落,怀里抱着那本日记,紧紧地将这段苦涩按进心里。修道院渐行渐远,她却不敢回头。思绪飘向远方,任凭怀念和悲伤纠结在一起,直到有一刻她心中无比平静。一直到多年以后,她仍记得那天的阳光是那么明亮、温暖……

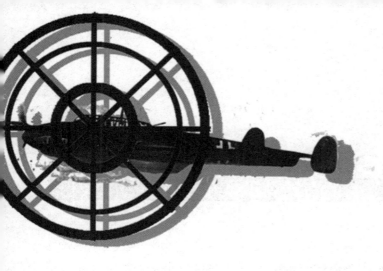

美丽谎言铸就的美丽人生

美丽谎言铸就的美丽人生

犹太人,这个代表着智慧的种族,曾为人类的进步和文明做出过出色贡献。可是这个种族在第二次世界大战开始前后却从未得到过世人的重视,甚至遭到了以德国为首的法西斯独裁的严重迫害。

沃尔泰拉是意大利中部的一个小山城,这里非常安静,每到清晨推开窗子,扑面而来的是清新的空气和沃尔泰拉美丽的晨光。

罗百尔特被认为是这个小镇上的奇葩,虽然外表看起来憨态可掬,但实际上他却是个热情似火,风趣幽默的犹太人,他生性乐观,对待生活总是一惯的积极,在他心中似乎总对美好的事物充满向往。

罗百尔特驾着他的老朋友———一辆破旧的汽车从100公里外的乡间来到了沃尔泰拉,他想在这里开一家属于自己的钟表店,可是,他却被拦在了沃尔泰拉小镇外面,经过反复追问,他才知道,这座古城是不允许有汽车的。为了实现自己的梦想,罗百尔特不得已卖掉了汽车,他终于成功入住了沃尔泰拉。

当罗百尔特经过一座谷仓塔楼的时候好奇地停了下来,他看见一群人围在塔楼下面向上看着什么,罗百尔特也顺着人们的目光向上望去。原来一个姑娘拿着竹竿,正在试图除掉塔楼上的马蜂窝。那个姑娘一只手牢牢抓着塔沿儿的横梁,一只手握着竹竿用力地捅着。这个马蜂窝建得还真是坚固,姑娘费了半天力还是不能将它除掉,她有些急了。如果再不快点儿,一会儿成群的马蜂飞回来,就不得了了。

这时，一团嗡嗡的东西飞过人们的头顶，飞向了站在高处的姑娘。

"不好，伊拉利亚，你得马上下来，马蜂回来了。"有人向她大声喊着。

"哦！原来她叫伊拉利亚。"一旁的罗百尔特独自想着。

可是，显然已经来不及了，成群的马蜂开始向伊拉利亚攻击。慌乱中，她不但扔掉了竹竿，还松开了抓住塔沿儿的手，整个人从上面掉了下来。始终关注着她的罗百尔特连忙拨开人群冲了上去，接住了伊拉利亚。

伊拉利亚平安着地了，虽然她身体的其他部位幸免于难了，可是她的手却被马蜂蜇伤了好几处。罗百尔特将她送回了家，并给她处理了伤口。为了表示感谢，伊拉利亚特意送给他一些鸡蛋，并记住了这个帮助自己的人。

纳粹刚刚掌权时，就开始了对犹太人的恶性侵害。对于这一点，墨索里尼不但没有指责，而且还说，没有哪个国家是完美的。对于意大利学校里面犹太学生人数过多的事情，墨索里尼曾表示极度的不满和抱怨。不过这一时期尽管墨索里尼恣意反犹，但是生活在意大利的犹太人还没有达到如德国般被迫害的地步。

罗百尔特拥有着二分之一的犹太血统，他为了这个身份而付出了很多，想开一家钟表店的申请屡遭阻挠，得不到批准。由于生活所迫，罗百尔特只得在一家饭店当服务员来维持生计。由于他乐观的生活态度，在餐馆的日子过得也算开心，他真诚的性格也赢得了老板和顾客的喜爱。

自从卖掉了自己的老朋友后，罗百尔特很快买了一辆自行车。如果不去餐馆工作，他总是喜欢骑着自行车到处闲逛。看着古罗马广场的旧址，他就能幻想出远去的年代里，身披铠甲，手握盾牌的角斗士们在相互刺杀决斗的场面。

这一天，罗百尔特又骑着他的自行车在街道上"横冲直撞"着，这次他把自行车骑到了一位少女的身上，这位少女应声倒地。坏了！罗百尔特连忙下车,上前扶起倒在地上的姑娘。当姑娘抬起头的时候,积聚在罗百尔特心中多日来的思念全部涌了上来,是那位勇敢地去捅马蜂窝的姑娘伊拉利亚,他们又见面了。再次的邂逅让罗百尔特燃起了爱情的火焰,他抓住时机大胆地向伊拉利亚表达了爱慕之情。

此时的伊拉利亚对罗百尔特并没有产生多大好感,在她看开,罗百尔特只是个救过她一次并且又撞了她一次的人,除此之外并没有什么。

伊拉利亚的拒绝并没有让罗百尔特退缩,反而让他更加坚定自己的决心,为了赢得心爱姑娘的芳心,他想尽一切办法。伊拉利亚是沃尔泰特镇上一所学校的老师,罗百尔特经过多方打听才得来了这个宝贵消息。

有一天,罗百尔特得知,从罗马来的督学要来学校视察教学工作。为了取悦伊拉利亚他不惜冒充督学来到学校假装视察。校长非常热情地接待了这位来自罗马的"大官",可是聪明的伊拉利亚只瞧一眼便看出罗百尔特是个冒牌货,但是她并没有当场拆穿他,而是要看看他想要什么把戏。

在校长和全体老师的陪同下,这位"督学"参观了整个学校。在参观结束之后,校长邀请他为全校师生做一场演讲。为了取悦和引起伊拉利亚的注意,罗百尔特索性跳上讲台开始施展他天生的喜剧演员的才华。他的表演惹得学生们开怀大笑,而校长和老师却看得瞠目结舌。

正当罗百尔特表现得兴起的时候,真正的督学大人到了。校长迷惑地看着眼前这位自称是来自罗马的督学,百思不得其解。罗百尔特自知已经表演不下去了,只得草草收场,仓皇离去。

虽然罗百尔特的冒充行为没有得到圆满结局,但是他却充分引起了伊拉利亚的注意力。不管这种注意力源于怎样的事件,但是能被她注意对于罗百尔特来说总是好的。

正当罗百尔特疯狂追求伊拉利亚的时候,他得知了一个不好的消息,原来伊拉利亚已经有男友了,可是这并没有成为罗百尔特停止追求伊拉利亚的理由。罗百尔特总是有意无意地出现在伊拉利亚和男友约会的场合,并尽可能地注意着他们的一举一动。通过连日来的观察,罗百尔特察觉到了一件足够他笑上几天的重要事情。他发现伊拉利亚并不喜欢他的男友,甚至有些讨厌他。接下来,罗百尔特更是肆无忌惮地掺和甚至破坏他们的约会。后来渐渐地,伊拉利亚发现,她宁愿跟罗百尔特在一起,也不愿同她的男友谈着索然无味的恋爱。伊拉利亚开始在同男友约会的时候有意无意地提到罗百尔特的名字,或是在罗百尔特出现后便直接跟他走掉,而只留下她男友一个人。

她的男友嗅到了危险的气味,他要赶快采取行动来阻止意外的发生。于是他一厢情愿地在饭店里举行了同伊拉利亚的订婚晚会,而伊拉利亚本人并不知道这件事。晚会正巧安排在了罗百尔特工作的饭店。罗百尔特怎能允许这样的事情发生,他决定破坏这个订婚晚会,他绝对不会让自己心爱的姑娘就这样糊里糊涂地就跟别人订了婚。

罗百尔特是个聪明人,他拥有犹太人天生的高智商。他不但巧妙地帮助伊拉利亚摆脱了其男友的纠缠,而且还成功地赢得了她的芳心,他们相爱了。

伊拉利亚的父母品性朴实古板,他们无法冲破传统的观念而允许自己的女儿跟一个犹太人交往,所以开始的时候他们对这对年轻人的恋情横加阻拦。他们的阻拦并没有起到任何作用,为了罗百尔特,伊拉利亚不惜跟父母闹翻,离家出走,最后他们还是结婚了。

婚后,所有的事情都比想象中的要好得多。罗百尔特梦想的钟表店也开业了,他们的儿子也在这个时候出生了,他们一家人生活得很幸福。伊拉利亚的父母看到女儿如此开心,也就原谅了他们当年私自结婚的事,一家人开始和睦共处。

在那个战火纷飞的年代,作为一名犹太人拥有这样的幸福似乎是不被允许的,总会有种种的祸端要毁掉这份幸福。

意大利在经过西西里岛战役大败后,墨索里尼被推下了政治舞台。随后得到盟军支持的巴多利奥组建了新政府,接着,德国进攻意大利,占领了意大利的大片领土。对于在意大利境内居住的犹太人来说,这是一个再坏不过的消息了。

罗百尔特一家生活得其乐融融,每天过得都是那么精彩。他们也曾听说过德国政府对德国境内犹太人的种种暴行,随着意大利内部政权的调整和德国的侵入,在意大利领土上生活的犹太人们真正感受到了什么叫恶魔般的恐怖和生不如死。

如潮水般的德国士兵涌进了这片昔日里还算宁静的土地,把这里变成了屠杀犹太人为主的屠宰场。德军在侵占了意大利大片土地的同时,也将盛行在德国的屠犹政策带到了这里。意大利境内的犹太人变得人人自危。

那天是罗百尔特的儿子乔舒亚的生日,全家人已经约定好今天要给他们的可爱儿子过一个快快乐乐的生日,所以一大早上伊拉利亚就同她的母亲一起去商店采购儿子生日上需要的东西。当这对母女高高兴兴地回到家中的时候,家里到处都被翻得乱七八糟,伊拉利亚顿时明白了眼前的一切。她总是幻想着这样的事不会降临到她家的头上,可是今天还是来了。

罗百尔特父子俩被抓进了犹太人集中营,只因为罗百尔特身上流着二分之一和儿子身上流着四分之一犹太人的血。伊拉利亚虽然并非犹太族裔,但是为了丈夫和儿子,她毅然决定与丈夫和儿子一同进入集中营。

纳粹集中营是经历过二战的人们听过最恐怖的地方,整个二战过程共造成了近4600万军民死亡。在集中营中的司令官,男女医生、护士等都是这场屠杀中的罪人,他们每个人都参与了屠杀、虐待,每个人的手上都沾染着无数人的鲜血。在集中营里,所谓的"罪犯"是被判处以极刑的最高一类。

在集中营里有着最残暴的"狱警"和最野蛮的刑罚,他们都应该在国际审判中被判以重型或是也让他们被自己发明的刑罚惩罚一次,但是当然在如今这种文明的时代,这样的方式是不应该被提倡和使用的。

疟疾、伤寒、痢疾等疾病折磨着本就弱不禁风的人们,死神时刻威胁着他们,在每个角落里向人们招手。每天都会有大批的人们因折磨或疾病而死,这里的德国士兵做的最重的体力活儿就是拼命地折磨他们和往出抬死人尸体。在纳粹集中营里,可以有无数种方法将囚犯杀死。一氧化碳、二氧化碳和齐克龙-B 等毒气被广泛使用。这里的人已经不再被当作是人,而是试验品和工具,人性在这里得到最大程度的泯灭,而人权在这里也遭到了最大程度的践踏。

在这里,死亡是所有犹太人的唯一结局,连孕妇和小孩也不例外。乔舒亚只是个 5 岁的孩子,他的世界里充满了童贞和美好,不该过早地了解到战争和杀戮。罗百尔特不想让他的儿子幼小的心灵里从此蒙上悲惨的阴影,在惨绝人寰的集中营里,他要寻找机会向女监狱里的妻子报平安,另一方面还要保护好自己 5 岁的儿子乔舒亚。父亲对儿子说:"我们是来这里做游戏的,游戏当然要有游戏的规则,如果谁违反了游戏的规则,就要被淘汰,取消游戏的资格,游戏最终的获胜者可以得到一辆真正的坦克。

小孩子总是最容易哄骗的,他对爸爸的话信以为真了,他努力地遵守着爸爸说的"游戏规则",他是多么的渴望自己能有一辆坦克啊!

而身在集中营的囚犯也被看守们分成了八大类,每一类人员都有着不同的待遇。这八类人分别是德国人、北欧的各国人民、法国人、巴尔干各国的人民、俄罗斯人、吉卜赛人、犹太人、意大利人。而罗百尔特身为意大利境内的犹太人,则会遭到更加残酷的对待。

　　集中营里环境之恶劣已经超出了常人所能想象的范围,看着同伴的尸体被一具一具地抬出去,罗百尔特内心充满了恐慌和不安,可是在儿子的面前他要表现得很乐观,虽然他心里清楚地明白来到了集中营,他,及他的儿子和妻子是很难活着走出这里的。但是罗百尔特不会放弃,哪怕只有一点点的希望甚至是没有希望,他都要创造希望去极力争取活的机会。

　　"爸爸,这些人要把他们抬去哪里?"乔舒亚紧紧地依偎在父亲的怀里,显然他对于每天都会出现的这种情景感到了一丝恐惧。

　　罗百尔特紧紧地搂住儿子,轻轻地抚摸着他的头。他精心地为儿子编制着善意的谎言,并私下里要同牢房的人配合他,他所做的一切仅仅是为了保护孩子的心灵。可是纳粹分子的残暴很难让他的谎言继续维持下去。

　　"记得爸爸告诉你的赢得坦克那个游戏吧?他们都违反了游戏的规则,所以要被淘汰出局了,他们没有机会了。乔舒亚。"罗百尔特看着孩子稚嫩的脸问,"告诉爸爸,你想不想得到一辆真正的坦克?"

　　"想,那是我的梦想。"年幼的孩子虽然不能十分清楚地理解什么叫做"梦想",但是他大概知道那是一种很难实现和得到的东西。

　　"既然是这样,那你就要老老实实地遵守游戏规则,不可以被淘汰。"罗百尔特故作轻松地对儿子说,其实他的心情是沉重的。他每天都陷在恐慌里,他要一面保护幼小的儿子,还要担心身陷女牢的妻子。每天当他听到女牢那边又有一批囚犯被杀的时候,他就提心吊胆,害怕他的妻子就在这批人里面。

　　罗百尔特就这样一天一天地活在被无数恐惧包围的日子里,他亲眼见证着德国士兵是在用怎么样残忍的手段折磨他们这些无辜的平民。用火烧,用土埋,用毒气,用刀枪,用棍棒……反正一切可以置人于死地的方法在这里都用上了。

罗百尔特从来没有想过人可以如此地残忍。当新的一批囚犯来的时候,集中营的党卫军便开始挑选一些有利用价值的人员,强壮的被派去执行各种重体力劳动,而那些没有劳动能力的老弱病残则将带去毒气室,被无情的残害。在这样的环境下,乔舒亚能够活着简直就是个奇迹。

凡是到了集中营的人,会被剥夺走一切物品。包括他们的人格尊严,在那里是没有人格可言,有的甚至是被残害,即便是幸存者也会被榨干所有的血汗。

1944年又是一个冰雪初融的时刻,德军在乌克兰的军队开始向加利西亚等地撤退。但是因为撤退过程仓促程序混乱,致使中央集团军一侧肋部暴露在苏军的火力之下。苏联红军抓住了这种时机,一鼓作气,在白俄罗斯把一向战无不胜的中央集团军打了个一败涂地。一连串的失败令希特勒惊魂不已,波兰战场又失败了,德国战场也失败了。

希特勒开始心惊肉跳、坐立不安、彻夜难眠,但是在这种内外交困的时候,希特勒越发令人不可捉摸,他一意孤行地把战争进行下去。这一年里,希特勒组织德军做了死前的最后挣扎,虽略有战果,但是此时战局倾颓的势头已经无可改变了。希特勒只能用他最后的兵力做赌注,德军撤回到了最初的攻击占线上。这次的反扑行动中伤亡人数是非常惨重的,然而对希特勒而言,1945年简直是充满灾难的一年。

也就是从这一年开始,前方的战事越来越吃紧,希特勒的爆发次数也越加频繁。每次发脾气都会手脚发抖,直至无法控制。不过,无论希特勒多么不愿意承认这种结局,但最终他还是输了,而且输得一败涂地。4月末,意大利境内的德军宣布投降了,这个消息的发布不仅拯救了意大利人民,更拯救了集中营里的囚犯们。再过几天,如果再过那么几天,这里恐怕就只

二战 士兵浪漫曲

剩白骨了。

等待解放的前几天，整个集中营里囚犯们都显得更加忐忑不安起来。"我们会被怎样处置呢？他们肯定不会带着我们一起走的，但是也不会轻易放过我们的。我们会怎样？临走前被统统杀掉吗？"人们在不断猜测着，越是猜测就越害怕。"不能就这样坐以待毙，我要带着伊拉利亚和乔舒亚一同逃走。"罗百尔特暗自声讨着。

就在纳粹德国宣布投降的那天夜里，纳粹者们匆忙地收拾东西，准备逃离此地。罗百尔特担心自己的妻子，便将儿子藏进了一个铁柜子里面，告诉儿子千万不要出来，自己趁着混乱前去寻找妻子。

但不幸的是，罗百尔特被纳粹发现了，他们要在临走前对这个不听话的犹太人来点教训，虽然他们自己也已经时日无多了。当纳粹者押着罗百尔经过儿子躲藏的柜子时，他保持着脸上的微笑，用自己的生命对这个美丽的谎言进行了最后的修饰。不久，就听见一声枪响，罗百尔特死在了德国纳粹的枪口之下。

新的一天开始了，阳光明媚，让人充满了力量和希望，乔舒亚也从铁柜子里面爬了出来。小家伙竟然在里面睡着了，这是从他来到这个地方睡得最甜美的一觉。乔舒亚来到院子里，他在找他的父亲，他想问问他，他自始至终都很遵守游戏规则，那他什么时候才能得到一辆坦克呢？这时，作为胜利者的美国士兵发现了他。并将这个歪着头看他们的小家伙抱上了坦克。最后，他和母亲团聚了。

这是发生在二战期间真实的故事，后经电影导演的精心编排和制作将它颁上了银幕。也许，这并不是一出悲剧，它有美丽的谎言，美丽的信念和父亲用生命换来的孩子美丽的人生，这是二战里发生的最美丽的故事。

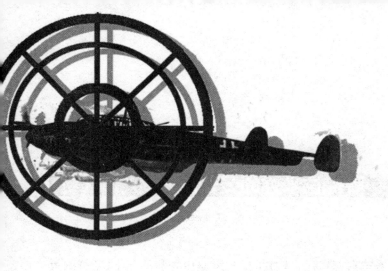

一段提拉米苏的爱情故事

一段提拉米苏的爱情故事

香甜可口,营养丰富,薄薄的,软软的。这就是由香甜的芝士、新鲜的蛋奶、加糖的芝士糊所组成的提拉米苏,吃的时候撒上一层可可粉,那可真是人间美味! 既然是美味,民间关于它的由来也有许多不同版本的说法,但具体的提拉米苏是因何而来的,现在已经无从考证了。但是关于提拉米苏,却展开了一场回味无穷的故事,让我们听再次为它注入了甜蜜的味道。

意大利因罗马城而闻名世界,古罗马为这个国家留下了诸多的历史遗迹,然而这个历史文化名城和它所属的过度却差点被它其中一任继承者墨索里尼的残忍、暴躁、急功近利以及同希特勒的同流合污毁于一旦。

墨索里尼是一个既无能力又野心勃勃的妄想家,为了表明他至高无上的权利和历史人物彼此间的虚荣心得到满足,他命令其属下开辟古罗马大角斗场和他的府邸,但事与愿违,他的这一举措将意大利古老的建筑和文物破坏的面目全非,也让他永远成为了。

尽管墨索里尼的种种恶行尚不如希特勒和弗朗哥,但他同样是罪恶的化身,同样是战争的独裁者。在他的管治下许多政治党派的人惨遭他的毒害,为了满足自己的私利,他不惜大费周章的建立秘密警察组织,以达到极权统治。

第二次世界大战的爆发,在野心不断地膨胀和驱使下,墨索里尼最终还是选择了加入战争,同时也选择了一条不归路。

1939 年秋,波兰遭到法西斯德国进攻,宣告第二次世界大战在欧洲大陆上打响了。德国入侵波兰的军队总共有 50 多个师,其中包括 9 个装甲师和摩托化师。他们从三个方向进入波兰境内,而波兰驻守在前线迎击敌人的军队只有 30 个师,他们的装备也远不及德军。波兰只有一个装甲旅,倒是有 10 多个骑兵旅,但又怎能阻挡德军的 9 个装甲师呢?波兰的近千架第一线飞机在战争爆发的最初两天,就被德国的新式飞机消灭了。波兰军队的部署也有问题,他们散布在本国的边境一带,而没有建立纵深防御。波兰没有及时全国动员,致使其三分之一的军队在战争开始时还在后方。等到后续部队出发时,前线已经失守。号称有 200 多万人的波兰军队很快就全面崩溃了。

9 月 17 日,苏联红军仍旧向目的地挺进,到达和希特勒商妥的界线才停止。与此同时,越过波兰东部的边境后,苏联红军以迅雷不及掩耳之势迅速向西推进,最终与德军汇合。

尽管波兰军队英勇抵抗,在局部地区组织了数次会战,但是,到了 9 月末,一切都结束了。不到一个月的时间里,一个拥有几千万人口的国家覆灭了。波兰人的灾难不只是亡国,还有更大的苦难在等着他们。

德国人在波兰的速胜让世界为之惊叹。此时的墨索里尼心里很不舒服,身为后辈的希特勒显得太优秀了,甚至压过了他的风头。在齐亚诺的日记中,有这样一段记载:"对于希特勒此时的名声高于自己,墨索里尼显得有些不开心。"

虽然墨索里尼试图说服希特勒放弃战争,可是本身就意志薄弱的墨索里尼反被演说家希特勒征服了。此时意大利的经济实力不足以支持一场长期的战争,可是墨索里尼还是执意参战了。他向希特勒探讨了意大利具体的参战事宜,希特勒建议意大利的军队从阿尔卑斯山向法国推进,协同德军。

尽管意大利会站在德国一方参战,但是丘吉尔还是想做最后的努力,希望能够争取到意大利。

可是墨索里尼的态度非常坚决,他在表明:对于德意签署的条约,全体意大利人民将按照其行事,这是任何事情都不能改变的。

1940年5月的战事,让墨索里尼觉得英法必然会走向战争的失败,于是他决定对英法宣战。墨索里尼的决定虽然遭到来自意大利政府各界的反对,他们认为意大利此时备战不足,不宜匆匆开战。

可是,这不能说服主意已定的墨索里尼,就在法国政府放弃巴黎的这一天,墨索里尼在希特勒的要求下向英法两国正式宣战。就这样,墨索里尼坚定地站在了轴心国的阵营里,开始了他的罪恶征服。

1940年6月末,当英国成为孤军之时,墨索里尼觉得意大利人接管英国在地中海沿岸属地的机会到来了。大英帝国在意大利法西斯眼里,已经变得非常脆弱,很快就会向"元首"希特勒投降。那么,如果将埃及、索马里等这些德国人没有放在心上的英属殖民地收入自己囊中,连同以前侵占的地区就能连成一片,简直可以恢复古罗马帝国昔日的荣光! 他们称此为"数千年难得的良机"。

这时,不列颠空战大幕徐徐拉开,英国本土自顾不暇,难以增强其在地中海和北非的军力,这给墨索里尼留下了机会。

在意大利占领索马里之前,英意双方有过几次规模不大的正面对抗,英军在战斗中的表现远好于意大利人,可以说英军从战争一开始就占据了优势。

意大利是一个古老的国家,在那里充满诗情画意,文艺复兴在这里留下来的遗产是整个欧洲最多的。据说,在威尼斯居住的人,无论是大人或是小孩儿,各个都能弹得几首世界名曲。意大利人,诗词歌赋或许无人能及,可是舞刀弄枪却不是他们所擅长的。所以在二战中,意大利不断地在损兵

二战浪漫曲

214

折将地。

富兰克是个典型的意大利男人，帅气又不失活泼。他喜欢诗歌，更确切地说是狂热，但他并不是古板的人，他会用自己的方式将诗意表达得淋漓尽致。

托斯卡纳是个盛产葡萄酒的地方，那里不仅充满美酒的芳香，同时也充满了艺术的气息，这也是为什么在文艺复兴时期涌现出许多艺术家的重要原因之一，像诸如达·芬奇、米开朗基罗等无数有名或无名的艺术家都受到了这种艺术思想的影响，他们都是经过托斯卡纳的浪漫浸染过的。虽然富兰克喜欢艺术，但是他从来不想成为像但丁一样的艺术家，因为他知道艺术家都是孤独的，他不想当孤独的人。

富兰克在一个葡萄酒庄园工作，他在这里有很好的人缘儿，这一切都要归功于莎士比亚和但丁，他们的诗歌让他赢得了好人缘儿。

"富兰克，来，再给我们说一段诗听听。"朱赛白很喜欢听富兰克念诗，他也曾听别人读过，可是他们都读不出富兰克的味道。其实，朱赛白也不明白那是种什么味道，只是可是让人的心沉静下来。

"这可不行，老兄。你忘了上次我们已经被马尔克抓住了，他还警告我们如果再在工作的时间里读诗的话，我们就得回家了。"富兰克可不想丢掉这份工作，所以他拒绝了。

"没关系，今天马尔克去了佛罗伦萨市，不知道什么时候能回来呢，放心吧。"朱赛白眨巴着狡黠的眼睛说。

"真的？你确定马尔克今天不在葡萄庄园？"富兰克似乎不太相信朱赛白的话。

"我确定他不在。"朱赛白眼神透出一种笃定的神情，叫你不得不相信他说的话。

"那好吧！"富兰克长吁了一口气，他总算是放心了。他清了清喉咙，昨天他刚刚读了一首泰戈尔的情诗：

"我不能保留你的波浪。"

听罢，朱赛白放下手中的工具，不自觉地为富兰克鼓起掌来。虽然他并不能完全理解富兰克朗诵的诗，可是他能感觉出来这是一种很美的意境。

富兰克还独自沉浸在诗歌里，他喜欢爱情诗，虽然这在他的父亲眼里被看成是不务正业，可是他就喜欢。他向往每首诗里面的爱情，他是多么的希望自己也能像诗歌里面的人物一样，得到像花儿一样美丽女子的青睐。富兰克还在遐想着，遐想着……连朱赛白给他的眼神也没有顺利接受到，直到一个声音的想起，他才将自己的思绪拉了回来。

"富兰克，你在梦游吗？为什么我每次看到你，你不是在读诗就是在发呆？"马尔克不知道什么时候站在了富兰克的面前，此刻马尔克很生气。

富兰克无言以对，显然这次是他的不对。

马尔克见富兰克不说话，不但没有消火反而更加生气起来，他觉得富兰克高傲地连同他狡辩都不屑。"富兰克，你可以回家了，我决定解雇你。"

站在一旁的朱赛白看不下去了，这其实是他的错，他不该撒谎说马尔克不在，而让富兰克朗诵诗，所以这一切该是他的错。"马尔克先生，您听我说，事情是这样的……"朱赛白试图解释这件事。

"你也想被解雇吗？"马尔克大吼一声，打断了朱赛白的话。

朱赛白只能乖乖地闭上嘴，他不能丢掉这份工作，因为他有两个孩子要养，赚钱对他来说很重要。可是，他又觉得对富兰克很愧疚。

富兰克放下工具，默默地走出了葡萄庄园，自始至终他都没有说过一句话。

9月的托斯卡纳已进入了秋季，天气还是很温和，但是略显干燥。富兰克百无聊赖地来到了街上,丢掉工作的他心里有些不痛快。虽然他并不怎么喜欢这份工作,可是没有了它对富兰克的生活还是会有很大影响的。

街上到处都贴满了各行各业、花花绿绿的招聘广告,富兰克仔细地看着每张广告,企图找到适合的工作。富兰克不知不觉来到了广场,这里围满了人,好奇心的驱使下,富兰克也凑了上去。

原来这里在征兵。一位军人身穿军装站在高处,喋喋不休向众人呼吁着什么。旁边的报名处已经被人围得水泄不通了,看来还是有很多人愿意参军的,虽然他们的总理不十分得人心,可是仍然有人愿意为国家而战。现场的气氛进行得十分热烈,富兰克也被这种氛围感染了,或许他也应该去参军。

想到这儿,富兰克开始慢慢向前移动着身体。不管是受到了失业的冲击,或是一时的冲动,最后富兰克还是报名了。报名处的人员告诉他,15天后来这里,集合他们将统一受训后再被派往战场。15天后自动放弃的人将被视为国家的叛徒,会受到法律的制裁。

富兰克走出广场的人群后,没有回家,仍是在街上游荡着。不知道走了多久,反正是走到富兰克有了疲惫和饿的感觉,他就近钻进一家路边的面包店里。

这个面包店不大,摆设非常简单,只有几张桌子和椅子,但是这个不大的店里却飘着一股浓郁的香味。一位头上裹着雪白方巾的女人正背对着柜台麻利地忙活着什么。当听到门被推开的声音时,反射性地回转身体,整张脸布满了灿烂的笑容,"您好!"这句简单的问候,在富兰克听来犹如花开的声音般美好。

或许相互间只是出于友好的一瞥,可是这一瞥却让两个人的目光紧紧地黏在了一起,直到姑娘脸红地低下了头,此时的富兰克也十分不好意思地微微轻咳。姑娘首先打破尴尬,"请问,您要吃点什么吗?"

"啊！对了,请给我来一块儿蛋糕和一杯咖啡。"

"好的,请您稍坐一下,蛋糕是已做好的,咖啡马上就好。"姑娘开始动作利索地准备起来。

富兰克在靠近柜台的桌子坐了下来,他的眼睛总是忍不住瞄着柜台里正忙活的姑娘。5分钟,热气腾腾的咖啡和沾满了杏仁的芝士蛋糕被姑娘端了上来。

富兰克这次没有像以前那样狼吞虎咽,而是吃得很慢,细细品尝着蛋糕的味道。这个杏仁蛋糕很好吃,外面的杏仁香脆,里面的蛋糕绵软,再配一口香浓的咖啡,会让你有一种幸福包围的味道。

吃完了杏仁蛋糕,富兰克有种意犹未尽的感觉,他想再吃一块。"小姐,请再给我一块其他口味的蛋糕。"说这话时,富兰克显得特别紧张。很快,一块缀满野生草莓和红豆的蛋糕被摆在了富兰克的面前。

富兰克依旧是细细品尝,虽然他很不想将蛋糕吃完,可是就那么一丁点儿大的蛋糕已经被富兰克吃得够久了。摸摸吃饱的肚子,富兰克不得不结账后走出了蛋糕店。富兰克并没有走出多远,他一直在附近徘徊着。他头一次有如此强烈想要结识一个姑娘的愿望,如果他今天问不到那位蛋糕店姑娘的名字,可能今晚他会睡不着的。

富兰克就这样倚着马路旁的路灯杆,一直盯着蛋糕店亮着的灯光。终于,灯熄灭了,富兰克看见那位姑娘从店里走了出来,转身锁上门,然后沿着马路向前走着。

富兰克并没有立刻走上前,更准确地说他是胆怯,他害怕会被误认为图谋不轨的人,富兰克静静地在离姑娘大概100米的距离上走着。姑娘来到了一个围着白色栅栏的小院前,伸手推开门,显然她到家了。富兰克意识到如果他再不出声,姑娘就进去了,可能过了今天她就不再记得他了,那么他想要结识她岂不是更难。

　　一想到这，富兰克马上叫住姑娘，"小姐！"听到声音姑娘退回到了门口的地方，向外看着，在发现富兰克的时候不免吃了一惊，但是显然她并没有害怕。姑娘笑了笑，"请问，您有什么事吗？先生。"

　　富兰克紧张地交握着双手，支吾了一下，他显然是还没有找好借口。"啊……你的蛋糕很好吃，嗯……"富兰克有些语无伦次了，"我想知道那是怎么做的"。他的理由很蹩脚，也很可笑，不会有哪一个人用这样荒唐的借口来追求自己心爱的姑娘吧。

　　姑娘在听到富兰克的话后忍不住大笑起来，那声音真好听，像珍珠散落在盘子上那样清脆。终于姑娘的笑声停止了，她拂了拂脸颊的头发，有些微赧地说："如果你想学的话，明天来我的蛋糕店吧。"说完不等富兰克反应转身走进了院子。

　　听到这句话，富兰克就像得到了某种承诺一样，兴奋地就地跳了起来。就这样蹦蹦跳跳的回了家，回到家后又发了很长时间的呆，然后才上床睡觉，当然他失眠了一夜。

　　天刚开始蒙蒙亮，富兰克就起床开始准备了，他像个还未退青涩的小伙子一样，认真地挑选着衣服。他将每件衣服都试了一遍，又脱了下来，都感觉不太满意，最后勉强选了一件还算满意的穿上后出了门。

　　当富兰克来到蛋糕店后，这里还没有正式开始营业，只有姑娘一个人在柜台里忙碌着。当她抬起头看见富兰克的时候，脸上绽开了花一样美丽的笑容，那笑容看得富兰克的心都融化了。

　　"我现在很忙，如果你能帮帮我的话，我将感激不尽。"这个姑娘很大方，她没有像别人那样扭捏做作。她可以看出富兰克的心意，她不会装作不知道故意刁难他，既然两个人都互相有好感，为什么不大大方方地承认呢？

二战士兵浪漫曲

219

就这样,富兰克在姑娘的蛋糕店整整忙碌了一天,客人来的时候,他帮忙招呼,客人走后,他就同她愉快地聊天儿。一天的时间转眼就过去了,他们聊的非常开心。富兰克知道了她的名字,知道了她的家庭,知道了她的很多很多。

在将她送到家后,富兰克还一直回忆着今天所发生的一切。"露琪亚,露琪亚"富兰克边走边反复念叨着姑娘的名字,"这名字真美!"富兰克像个病人一样痴痴地笑着。他的表情惹来了许多行人异样的目光,或许他们把他当成了精神病患者吧。

富兰克每天都会准时地出现在露琪亚的蛋糕店里,帮她做这做那,准确地说富兰克虽然做不了什么,但是他确实为露琪亚带来了很多欢乐。有时,富兰克还会诗性大发,为露琪亚朗诵一首两首他拿手的诗歌,那里面所表达的赤裸的爱情常常会听得她脸红心跳。这时,富兰克就会在一旁偷笑,他就是这样捉弄她的,可是露琪亚没有生气,她喜欢他捉弄她的方式,因为她知道这是一种爱的表达。

自从富兰克为她读了那首歌德的《蒙人的港湾》诗后,露琪亚从此也迷上了诗歌。

同富兰克在一起的时间,露琪亚总是觉得很开心。可是最近几天里她发现富兰克似乎藏着心事,因为他常常一个人的时候唉声叹气。露琪亚是个善解人意的姑娘,她希望自己能够帮到富兰克,她决定找个面包店里客人不多的时候同他谈一谈。

终于送走了今天最后一拨儿客人,富兰克赶忙过去收拾桌上的杯碟,露琪亚阻止了他,并拉起他的双手,两人一起在桌边坐下。

"告诉我你的心事,我渴望同你一起分担。"

富兰克微微一愣,他掩饰得很好,可是还在不经意间透露了他的情绪。

明天就是他去部队报到的日子了,他曾想过要放弃,干脆不去了。可是他又怕会因此而招来叛国的罪名,这个污点将会永远的印记在他的身上。他放不下同露琪亚的感情,虽然他们的感情很短暂,可是感情的深浅不是用时间衡量的。

看着露琪亚真诚的眼神,富兰克觉得他有必要将事实告诉她,然后由她来决定他们的将来。

"事实上,在我们认识的那天,我被葡萄庄园主解雇了,冲动之下我报名参军了,然后才遇到了你。如果早知道会遇到你,我断然不会那么冲动去报名的。可是现在事情已经这样了,我明天就得去部队了,未来会怎样我也不清楚,因为未来根本就不在我的掌握之中。"说完这些,富兰克觉得整个人轻松了许多,这几天来他一直在为这件事苦恼着。

听了富兰克的话,露琪亚并没有显得很惊讶,她的态度让富兰克猜不出她心里在想什么。富兰克就像个在等待宣判的罪犯一样,有些手足无措。他不能向露琪亚提出任何要求,他没有那样的权利,也没有那样的交情,他现在能做的只是听从露琪亚的决定,并照着去做。

不知过了多久,露琪亚才徐徐张口:"你明天就走吗?"那声音依旧是出奇地冷静。

"是的。"富兰克回答得像是个犯错的小学生一样。

"听说军队里没有什么可吃的东西,他们的饭菜糟透了,我现在可以帮你准备些可以带走的糕点,方便你到那里去吃。"说着,露琪亚站起身走到柜台后面开始忙活起来。

两个人又再次陷入沉静,富兰克一个人坐在桌子旁听者露琪亚叮叮当当地摆弄着厨具。他们俩就这样过了好久,久到蛋糕的香味已经飘出来了。不知道是受香味的刺激还是怎样,富兰克猛地地从椅子上站起来走到露琪

二战士兵浪漫曲

亚跟前,抓住她正握着刀子切蛋糕的手说:"我走了,我们怎么办?就这样从此结束吗?"

露琪亚缓缓抬起头,眼里充满了哀伤。

"我没有办法给你永久的承诺,那是不现实的。我不会刻意地去等你,也不会刻意地同其他人交往,一切就让它顺其自然吧。如果你回来了,依旧爱我,而我仍然是一个人的话,我们还是可以在一起的。现在请安下心去战场吧。"

富兰克无话可说,此时此刻说什么都显得那么苍白无力,他只能无语的接过露琪亚为他烤制的蛋糕。这是露琪亚在慌忙之下烘烤出来的,不见得精美,却甘香馥郁。

"它是用什么做的?看起来很好吃。"富兰克手捧着蛋糕在故意找着话题,他不想让离别变得如此沉重。

"没有名字,这只是在我手忙脚乱的时候,胡乱的将鸡蛋、咖啡、可可粉和芝士放在一起而烘烤的。我以后不能做这样的蛋糕拿来卖,那样一定会吓走顾客。"露琪亚故作轻松地说着笑话。

"Tiramisu(提拉米苏)。"富兰克念叨着。

"你说什么?"露琪亚没有听清他的话。

富兰克抬起头,看着露琪亚深情地说着:"它的名字,Tiramisu,'记住我'的意思。"他的表情是那么的认真。

当黎明再次到来的时候,富兰克带着这属于爱情的蛋糕走了,提拉米苏的名字从此便沿用了下来。

芝士的甜腻与咖啡的苦涩充分地糅合在一起,味道恰到好处,就像美丽的天使遇到了恶毒魔鬼,和谐而又冲突地结合起来。吃了它的人,就会听到爱神的召唤。

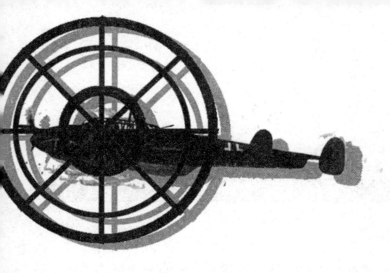

爱在战火蔓延时

1940 年,整个世界都在二战的风雨中飘摇着,人们备受煎熬,只希望可怕的战争能快点结束,和平时期快点到来。

这一年,在英国一处宽阔的田野间,一条轨道蜿蜒着伸向远方,火车载着去往各地的旅客从这里快速的驶过,轰隆声过后,抛下一车的欢声笑语⋯⋯

23 岁的法国女孩菲洛和姑妈乘坐这列火车去往伦敦的爷爷家,热闹的火车上,人们忘记了战争的苦楚,为这短暂的欢愉高谈阔论着。前排的座位上坐着一个年轻英俊、热情开朗的小伙子,他和朋友们大声的聊天,他们制造的快乐气氛很快感染了在座的很多人,人们愉快的和他们交流着,他们谈论着英国的气候特征、风土人情,以及文化传统,菲洛津津有味的听着他们的谈话,不时以微笑来回应他们。

菲洛是个和绝大多数同龄女孩一样乖巧文静的姑娘,性格单纯善良。她家住法国,这次是要去探望英国的爷爷,因为,爷爷生病很久都没有康复起来,她很是担心。在这个不平静的年代里,她无数次虔诚的祈祷着,希望爷爷尽快好起来,还有就是希望战争尽快结束。

温暖的夕阳透过车窗折射进来,姑妈靠在座位上打盹,车厢里渐渐地静下来。菲洛望向窗外,外面的花草树木很快的被火车抛远了,黄绿一片,远远的看起来生机勃勃的样子,她回想着往事。这时耳畔飘来歌声,好像是军人之歌,歌声铿锵有力,非常好听。唱歌的正是那几个年轻的小伙子,看样子,他们应该是部队里的士兵。整个车厢里面静的出奇,人们都在聆听着这首歌,战争,这个名词在这个时候闪进了人们的脑海,战争什么时候能结束? 车上的人都陷入了沉默。

此时的欧洲,有些国家还燃烧着战火,这些国家的人民在拼命的抵抗着,为了和平,为了能过上安宁的生活,人们顽强的抵抗着法西斯的侵略。

"你是英国人吗?"刚才唱歌的那个英俊的小伙子坐到菲洛的面前主动和她攀谈。面对陌生人的问话,菲洛本能的反应应该是沉默,但是此时的她却无法拒绝和热情的他谈话,因为他的眼睛里写满了善良和真诚。

菲洛摇摇头说道:"不,我是法国人。"

"我叫彼特,是英国皇家空军飞行员。我十分热爱我的祖国,瞧,它是多么的美丽和富饶!"这个名叫彼特的小伙子指向窗外的田野兴奋的说道。

"我也很喜欢英国,听说这是个可爱的国家,不过我自己还不熟悉。我的爷爷住在伦敦,这次是去探望他的。"

火车继续前进着,这两个年轻人仿佛是相识已久的老朋友,他们谈论文学、音乐、艺术……他们有着共同的爱好,喜欢旅行,喜欢音乐。在很多问题上,他们有着一致的见解。短短几个小时的谈话使他们有种相见恨晚的感觉。

彼特特有的幽默吸引着菲洛,她喜欢他高谈阔论的样子,还有他那热情的眼神,不时传达着他内心的情感。他绘声绘色地述说着他曾经参加过的战役,那紧张而又激烈的场面使她身临其境,她不由得佩服他的勇敢和机智。而彼特在菲洛登上火车的那一刻就注意到了这个年轻美丽的姑娘了,她有金黄色的头发、白皙的皮肤、清澈的眼眸,正是他梦中的女神。她谈话时举止优雅,单手托腮望向窗外的神情更坚定了他追求她的信念。

当火车到了终点,两个年轻人之间也擦出了爱情的火花。

菲洛在伦敦居住的那段日子是快乐的,因为彼特走进了她的生活,她原本平淡无奇的生活立刻变得丰富多彩起来。每个黄昏,菲洛都会来到城北的大桥上等彼特,短暂的约会是她一天当中最期盼的事情。而彼特会给她带来一些惊喜,有时候是一支火红的玫瑰,有时候是一首动听的情歌,甜蜜的爱情使他们忘记了战争,有了天长地久的想法。

然而,战争年代的爱情犹如岩石缝里的花朵一样,想要成长就必须历经磨难,最后才能绽放迷人的芬芳。1940年6月,战火燃烧到了英国。

身为德国空军司令的戈林对此次由空军扮演出击英国的主力部队非常有信心,他对希特勒讲,只要用空袭便可以将英国彻底的征服。鉴于这样的条件,希特勒马上决定待德国空军对英国实施攻击之际,他再实施"海狮"登陆作战计划。

德国曾经想在航空兵的协助下实施强度英吉利海峡计划,但由于在强度过程中需要大量的船只,而准备船只需要大量的时间,天气和后勤供应也存在着诸多难以克服的困难。于是希特勒反复思考,被迫决定以空袭迫使英国投降。针对这次空袭他曾这样说过:"我们就是要利用空军凿穿英国的防御之盾。"

为了使这次空中进攻得以顺利实施,德国派出了3个空军集团军,战斗机的型号非常多样,共计2000余架。而英国方面却处于极大的劣势和被动,他们作为被攻击对象,前景堪忧。但是,英国人并没有退缩,从国家的领导到普通的市民,所有人都团结起来抵抗法西斯的侵略。在这个特殊的时期,彼特和所有皇家空军的队员一样,肩负着保卫祖国的使命参加了英德之战。

这一天,菲洛在他们平时约会的桥上等了很久,直到太阳落山了,彼特也没有出现。菲洛很失落,彼特是个很守时的人,一定有什么事情耽搁了,不然他不会失约的。想到这里,她依然执著的等着,当夜色染黑了整个城市,她才孤单的回家。

第二天,彼特依然没有来。第三天,菲洛收到了一封信,那是一封冗长的信,是彼特写给她的信,原来彼特接到军队上级的指令,急忙赶回空军部队了。他在信中向菲洛道歉,每一句话都是他的肺腑之言,他对她的情谊全都写在了信上,并希望她能等他回来。

菲洛读完彼特的信已是泪流满面,彼特既是她的心上人又是她心目中的英雄。她会一直等,直到她的英雄凯旋归来。

希特勒想在入侵英国之前摸清对手情况,于是他命令德国空军于1940年6月和7月试探英国皇家空军的反应。

进入7月份以后,德国军队开始准备战斗,无论是航空兵的转场,还是部队的调动与集结,另外,救援与物资补充等也需准备妥当,无论哪一项,都要耗费很长时间。但这漫长的等待不是德国空军想要的,于是他们采取了一定的措施来试探皇家空军反应的目的。

德国空军在数月的作战中共损失飞机2000多架,但这并不能对其造成重大损坏,很快地,它就凭借着自身的航空能力恢复了元气。7月中旬开始,德军再次向英国发动进攻,这次进攻的目标是英国南部港口和整个海峡周边的英国战略设施。此次作战的目的是,通过作战了解英军的防控能力,摸清楚英国空军的作战部署,还有一个目的是,诱使英国空军出来应战,已达到消耗其力量。

德国空军仍旧按照计划进行,1940年6月初,为了摸清英国的防空系统和反应时间,德军大大加强了侦察机飞越英国领空的频率。

到了6月中旬的时候,为了达到目的,德国曾先后8次采取夜间轰炸计划,其中英格兰北部地区、东部以及威尔士南部地区都没能逃过此劫。

7月份的时候,德国已经开始明目张胆的在白天采取大规模的空袭计划。与此同时,遭受德国空军猛烈轰炸的还有英国的商船。德国的轰炸强度在这段时间未遇到任何有效的抵抗,因此空袭频率仍在上升,英国遭受了巨大的损失,尽管如此,英国还是一味的采取着回避的策略,这无疑助涨了敌军的气焰。就这样持续了大约半个月的时间,英国才发出强烈的反击,不列颠的战争也随之打响。

整整一个月的时间,为了达到目的,对海峡里的英国军舰和英国南部的港口,德军在不断的加大攻击力度。他们发动攻击只是一方面,真正的目的是想试探英国的战略部署,并引诱英国的战斗机前来应战,从而达到削弱其实力的目的。

但是这个目的最终没有达到。实力不足的英国皇家空军一直没有上他们的当,这样德国空军大失所望。英国空中力量忍耐许久之后重新建立起了成规模的机队,抓住了一个机会对已经放松警惕的德国空袭部队发动了突击,彼特也参加了这次战斗。此次激战过后,双方都遭受了一定的损失,英国的港口和船只遭到了严重损失,德国也为此次交锋付出了惨重的代价。然而在短暂的空中对战结束之后,一个令人悲痛欲绝的消息传来:彼特牺牲了。

这个消息犹如晴天霹雳一样,菲洛根本不能接受,她几乎疯掉。怎么会这样?怎么会?菲洛无数次的发问,彼特那么优秀,经验丰富的他经历了那么多次战争,怎么会在这次短暂的交火中牺牲?是可怕的战争、残酷的战争夺走了他的生命!

菲洛的憧憬被打得粉碎,悲痛万分的她把自己囚在屋子里,拒绝见任何人。整整一个星期,她都没有走出这间屋子,最后她听到了爷爷去世的消息。这个老人在战争的惆怅中离开了,在他生命的最后一刻,他深深的叹气,艰难的吐出几个字:"我等不到战争的结束了……"

窗外炮声隆隆,德军的轰炸机在伦敦的上空尖叫着飞过,掷下无数枚炸弹。伦敦陷入了纳粹制造的恐怖气氛之中。

心上人和爷爷相继离开了,菲洛靠在窗前看着窗外的夜色,想起了小时候,爷爷经常给她做小甜饼。她手里拿着小甜饼围着慈祥的爷爷转着一圈又一圈……快乐的时光一去不复返,如今她的生活里再也没有爷爷了,也没有彼特了,她只能靠回忆记起他们。想到这里,她伏在窗前哭了起来。

"作为一名军人,保护祖国的领土不受侵犯是我的责任,我会不惜一切代价,甚至是生命,来换取英国人民的幸福生活……"菲洛想起了彼特在信中写的那些铿锵的词句,顿时备感温暖。是战争给了她启示,悲伤过后,她要做些什么。

第二天,带着彼特留下的信件,菲洛远赴法国,为了深爱的人,为了慈祥的爷爷,为了尽快的拯救纳粹铁蹄下受苦受难的人民,她加入了地下解放运动中。

此时,在法国南方一个风景如画的小镇上,菲洛化名为"多米妮克",在当地的反战组织中认识了负责人乔恩,在他的安排下,菲洛开始了危险的地下工作。

菲洛,一个平凡而又伟大的女子,一个柔弱而又坚强的女子……,在历经战争和爱情洗礼之后,她向我们展示了巾帼不让须眉的深刻意义,她的勇敢不仅解救了许多受苦的人民,而且让她身边的每一个人为之而折服。

当乔恩对菲洛的情感刚生萌芽的时候,菲洛把全部心思都放在了革命上,完全没有意识到乔恩的情感变化。直到那次菲洛受伤,她才知道乔恩对她的感情。

那次行动出现了意外,菲洛在撤退过程中中弹,之后便是昏迷不醒。几天之后才苏醒过来,醒来的她第一眼就看见了神情憔悴的乔恩。是乔恩在路口救她回来，清理她的伤口，在昏迷期间也是他一直守在她的身边。如果没有乔恩，恐怕她早就离开人世了。

当乔恩看见她苏醒过来，兴奋地说："谢天谢地，你终于醒了，我怕再也见不到你的笑容，那样我会伤心一辈子。"

"我想我不会死，还有，谢谢你……"大难不死的菲洛很感动。

战争的局势无时不刻不在发生着变化，此时的南部抵抗组织也面临着随时被清剿的危险，迫于局势的危机，同时也为了保存实力，菲洛和乔恩决定回到伦敦，暂时的离开法国。真诚稳重的乔恩向菲洛表白了爱意，菲洛犹豫了，她的心属于彼特，她曾经答应过他这一生只爱他一个人。尽管他已经去往天堂，但是她不能违背自己的诺言，最后她拒绝了乔恩。落寞的乔恩返回法国，回到了他曾经居住的那个小镇。

两年后，战争结束了，菲洛告别了"多米妮克"这个名字，以原来的身份居住在爷爷的老房子里。几个月后的一个早晨，有人叩响了她的房门，她打开门却看见英俊如初的彼特。她以为永远都不能见到的彼特此时活生生地站在她的面前，她既惊讶又难过，惊讶的是彼特没有死，难过的是曾经为他流下太多的伤心泪水。

面对曾经深爱的彼特，菲洛发现自己变了，竟然没有当初的那种情感了。她曾因为彼特牺牲的消息痛彻心扉，曾因为对他的念念不忘拒绝了乔恩的感情。此时的四目相对，她能看出彼特对她的爱恋，可是自己却没有了当初的感情，她此时的心情仿佛是见到了久别的老朋友一般。

彼特紧紧地拥抱了菲洛，他说："亲爱的菲洛，我回来了！"

"见到你平安地回来我真高兴。"菲洛的泪流满面："我以为我们再也不会见面了呢，那个时候，我真的很伤心……告诉我究竟发生什么事，他们告诉我你在战斗中牺牲了。"

二战浪漫曲

"我真的很幸运,当飞机坠毁后,我被救起来了,随后我一直在一个荒郊野外的村子里养伤……那时我伤得很重,差点就没命了。在那漫长而又痛苦的伤病期间,我一直靠着对你的思念才得以顽强地生存下来。"彼特点着一支烟,叙述着那段痛苦的经历。

"是你给我的回忆让我坚持到了今天,菲洛,我回来了,那段时间你一定很伤心吧!"

菲洛伤感的回答到:"那段时间……我的确很伤心,几乎绝望了,但是,我还是坚强的等到我们胜利的这一天了。"

"战争结束了,我回来了,菲洛,我们结婚吧!"

"彼特,这太突然了,你给我点时间,我想考虑一下。"菲洛突然感到迷茫,面对彼特的求婚,她竟然有了逃避的念头。

傍晚,太阳即将落山,此时的天空一片绯红,就像害羞了的女子的脸,太阳也褪去了火辣的耀眼光芒,好似温柔的邻家小妹。当微风吹来,映在微波粼粼的水面上,闪着金光,亮着鳞片,好不惬意的一幅美景!菲洛来到她和彼特曾经约会的地方,看着熟悉的河岸,石桥,她有种物是人非的感觉。

事实上,她并没有忘记在法国那一段曲折的经历,那是一段刻骨铭心的经历,早已将她的人生永远地改变,虽然她从没有忘记过彼特,但是没有彼特的日子里,乔恩闯进了她的生活。她以为可以忽略自己对乔恩的情感,毕竟自己对彼特有承诺。可是,她骗不了自己了,当她逃避彼特的求婚时就已经很清楚自己的情感了。

菲洛不能忘记和乔恩一起革命的那段日子,在那段日子里,他们互相勉励,关心着彼此。当她回忆起在法国的生活时,脑海中便出现乔恩的脸庞。她和乔恩那份在共同的战斗中逐渐加深升华的感情令她不能自拔,想到这里,菲洛痛苦不堪。蔷薇和百合,让她如何选择?尽管在战争的危机四伏中她能果断、从容的解决问题,但面对自己感情的时候,菲洛也是难以抉择的。

经过一夜的思考,菲洛有了决定,迎着初升的太阳,她微笑了……

半个月后,法国南部的乡村,秋意渐浓,稻田飘香,到处充满了丰收的喜悦,乔恩也收获了他的爱情,因为此时的菲洛正在他的栅栏外对着他微笑,阳光底下,她的笑容晕红了他们的幸福。